EXETER TEXTES LITTÉRAIRES
Collection *Textes Littéraires* fondée par Keith Cameron.
La nouvelle collection *Exeter Textes Littéraires* dirigée par Malcolm Cook, Professeur d'Etudes Françaises du 18e siècle à L'Université d'Exeter.

6

LES MAINS JOINTES

ET AUTRES POÈMES

Paul Cooke est maître de conférences dans le Département de français, Université d'Exeter, et l'auteur de *Mauriac et le mythe du poète : une lecture du « Mystère Frontenac »* (Minard, 1999) et de *Mauriac : the poetry of a novelist* (Rodopi, 2003).

LES MAINS JOINTES
ET
AUTRES POÈMES, 1905–1923

François Mauriac

Édition critique établie, présentée et annotée par
Paul Cooke

UNIVERSITY
of
EXETER
PRESS

First published in 2005 by
University of Exeter Press
Reed Hall, Streatham Drive
Exeter EX4 4QR
UK
www.exeterpress.co.uk

Text of poems © 2005 The Estate of François Mauriac
Editorial material © 2005 Paul Cooke

The right of Paul Cooke to be identified as author of this work
has been asserted by him in accordance with the
Copyright, Designs and Patents Act 1988.

British Library Cataloguing in Publication Data
A catalogue record for this book is available
from the British Library.

ISBN 0 85989 743 5
ISSN 1475-5742

Typeset in 10/12 pt Plantin Light
by XL Publishing Services, Tiverton

Printed in Great Britain by Latimer Trend & Company Ltd, Plymouth

Table des Matières

IV UNE RETRAITE

AUTRES POÈMES (1905–1923)

DOSSIER

Sigles et abréviations

Éditions des *Mains jointes* :

1909 *Les Mains jointes*, « Bibliothèque du *Temps Présent* » (Paris, H. Falque, [1909]), 126 pp.

1910 *Les Mains jointes*, « Bibliothèque du *Temps Présent* » (Paris, H. Falque, 1910), 128 pp.

1927 *Les Mains jointes* (Paris, Paul Hartmann, 1927), xv + 96 pp.

1951 *Les Mains jointes*, dans *Œuvres complètes*, tome VI (Paris, Fayard, 1951), pp. 321–363

Manuscrits de François Mauriac conservés à la Bibliothèque littéraire Jacques Doucet :

MRC 2 [Poèmes, 1901–1903 (janvier).] Ms. autogr. 1 cahier. — S. l., 1901–1903. — 225 x 173, 29 ff.

MRC 3 [Poèmes.] « Janvier–avril 1903. En classe de philosophie ». Ms. autogr. 1 cahier. — S. l., 1903. — 220 x 170, 33 ff.

MRC 4 [Poèmes, 1903.] Ms. autogr. 1 cahier. — S. l., 1903. — 218 x 170, 10 ff.

MRC 5 [Poèmes, 1903–1904.] « Vers mystiques ». « Solitude ». « Larmes d'automne ». Ms. autogr. 1 cahier. — S. l., 1903–1904. — 220 x 170, 50 ff.

MRC 6 [Poèmes.] « Vers de 1905 ». Ms. autogr. 1 cahier. — S. l., 1905. — 220 x 170, 33 ff.

MRC 7 [*Les Mains jointes*.] Ms. autogr. Un état. — S. l. n. d. (à l'exception du poème intitulé « La Retraite » daté du 29 avril–2 mai 1909). — 50 ff., 270 x 210.

MRC 8 [*Les Mains jointes*. Ébauches. Variantes.] Ms. autogr. — 31 ff., 200 x 158. (Les poèmes ont été regroupés artificiellement pour la commodité du classement.)

Textes de François Mauriac conservés à la Bibliothèque municipale de Bordeaux :

[BDX 1] [Poèmes.] « Vers, 1905 ». Ms. autogr. 1 cahier. — S. l., 1905. — 220 x 170, 23 ff.

[BDX 2] [Brouillons de poèmes.] Ms. autogr. — S. l., 1906. — 269 x 210, 1 f. (Ce folio, plié en quatre, est inséré à la fin d'un journal intime daté de 1906 dont la cote provisoire correspond au numéro d'inventaire : Ms [253794], f. 93.)

[BDX 3] [*Les Mains jointes.*] Secondes épreuves de l'édition originale corrigées par l'auteur. 122 pp.

[BDX 4] [*Les Mains jointes.*] Premières épreuves de l'édition de 1927 corrigées par l'auteur. 35 pp.

D'autres textes de François Mauriac :

BN *Bloc-notes*, présentation et notes de Jean Touzot, 5 tomes (Paris, Éditions du Seuil, 1993)

DAM *D'autres et moi*, textes recueillis et commentés par Keith Goesch (Paris, Grasset, 1966)

EJ « Écrits de jeunesse », textes réunis et présentés par Jean Touzot, *Cahiers François Mauriac*, 10 (1983), pp. 7–55

LV *Lettres d'une vie (1904–1969)*, correspondance recueillie et présentée par Caroline Mauriac (Paris, Grasset, 1981)

NLV *Nouvelles Lettres d'une vie (1906–1970)*, correspondance recueillie, présentée et annotée par Caroline Mauriac (Paris, Grasset, 1989)

OA *Œuvres autobiographiques*, édition établie, présentée et annotée par François Durand (Paris, Gallimard, 1990)

OC6 *Œuvres complètes*, tome VI (Paris, Fayard, 1951)

ORTC *Œuvres romanesques et théâtrales complètes*, édition établie, présentée et annotée par Jacques Petit, 4 tomes (Paris, Gallimard, 1978–85)

SR *Souvenirs retrouvés : entretiens avec Jean Amrouche*, texte établi par Béatrice Avakian (Paris, Fayard/ Institut National de l'Audiovisuel, 1981)

Périodiques :

CFM *Cahiers François Mauriac*

NCFM *Nouveaux Cahiers François Mauriac*

TCER *Travaux du Centre d'études et de recherches sur François Mauriac*

Introduction

Les Mains jointes furent le premier livre de François Mauriac, celui qui, grâce à un compte-rendu favorable signé Maurice Barrès, lança la carrière littéraire du jeune Bordelais. Ce premier recueil de vers présente donc un intérêt indéniable du point de vue de l'histoire littéraire. Il en est de même également pour son histoire d'édition : il existe en effet quatre éditions différentes du recueil, chacune préparée par l'auteur lui-même. Or, les variantes que l'on trouve d'une édition à l'autre n'ont jamais été relevées. L'appareil critique de la présente édition (que l'on trouvera dans le Dossier en fin de volume) permettra donc pour la première fois de suivre les modifications que Mauriac a apportées à son texte au cours des années[1]. Cet appareil critique permettra également d'évaluer la question du rapport entre les poèmes des *Mains jointes* et ceux que l'on trouve dans les cahiers d'écolier rédigés par le jeune François Mauriac. Comme il l'écrivait en 1951 : « à relire *Les Mains jointes* aujourd'hui, il me faut, pour ne pas céder à l'irritation, me rappeler que tels de ces vers ont été composés au collège, durant l'étude du soir » (*OC6* iii). De quels poèmes s'agit-il ? Mauriac a-t-il remanié ces vers de jeunesse avant de les publier en volume ? Grâce à mes recherches sur divers manuscrits[2], la présente édition permettra d'apporter des éléments de réponse à de telles questions.

Considérons d'abord les circonstances de la publication de ce premier recueil. En septembre 1907 le jeune bordelais François Mauriac monta à Paris afin de préparer le concours de l'École des

1 Précisons que c'est l'édition originale, celle de 1909, qui nous servira de texte de référence.

2 Signalons également la présentation du manuscrit MRC 7 (manuscrit qui « semble avoir servi à l'impression ») faite par François Chapon dans le catalogue *François Mauriac : Manuscrits – Inédits – Éditions originales – Iconographie* (Paris, Bibliothèque Littéraire Jacques Doucet, 1968), pp. 53–55 (p. 54), ainsi que les pages d'épreuves non reprises dans ce catalogue qui sont consacrées au manuscrit MRC 8 (ces pages sont conservées à la Doucet sous la cote MRC Br 8). Notons que les versions des poèmes des *Mains jointes* dans MRC 8 sont clairement antérieures à celles que l'on trouve dans MRC 7.

Chartes. Il y entra une année plus tard, mais abandonna ses études en mars 1909 afin de se consacrer à ses activités littéraires. Deux mois plus tard, quelques-uns de ses poèmes parurent dans la *Revue du Temps Présent* où Mauriac tenait également la rubrique de poésie. Le dirigeant de la revue, Charles-Francis Caillard, lui offrit la possibilité de publier son premier recueil de vers comme le premier volume de la « Bibliothèque du *Temps Présent* » (*OA* 812). Mauriac fut tenté, certes, mais Caillard exigea une subvention de 500F de la part de l'auteur pour financer le projet. A l'époque, une telle somme pour un tirage restreint était loin d'être médiocre (*OA* 170) et Claire Mauriac, femme d'affaires astucieuse, avertit son fils des éventuels pièges financiers du marché, jugeant Caillard « très débrouillard et très avisé[3] ». Mais, malgré les risques, Mauriac décida de se faire publier, notant dans son journal : « J'ai pris place dans cette armée d'impuissants aux prétentions exaspérées qui payent 500 frs à un imprimeur pour que leurs amis et connaissances aient communication de leur vague à l'âme, de leurs désirs de coït etc. etc. » (*EJ* 31).

Malgré le ton léger de ces propos, Mauriac a soigneusement préparé le texte de son recueil. Les poèmes sont organisés selon un schéma narratif où l'influence du futur romancier se fait déjà sentir. Pour Marc Quaghebeur les quatre sections du recueil — « L'Écolier », « L'Étudiant », « L'Ami », et « Une retraite » — sont autant de « moments prémonitoires » esquissant « le parcours du poète[4] ». Celui-ci commence par évoquer les souvenirs du paradis perdu de l'enfance ; après avoir quitté son Aquitaine natale, il découvre le déracinement d'un jeune provincial à Paris ; dans ce désert affectif, il cherche une « amitié voilée » (« L'Ami I »), marquée d'un certain homoérotisme[5] ; et finalement, dans la dernière section, son discours s'oriente de plus en plus clairement autour de sa foi chrétienne. L'importance de ce schéma quadripartite chez Mauriac est évidente du fait qu'il s'en sert également pour structurer son second recueil, *L'Adieu à l'adolescence* (1911). En fait, comme je l'ai suggéré ailleurs, il s'agit d'une des

3 « La Correspondance entre François Mauriac et Claire Mauriac, sa mère [Extraits, 1907–1914] », introduction et présentation de John Flower, *NCFM*, 5 (1997), pp. 25–48 (p. 33).

4 Marc Quaghebeur, « Yves Frontenac désert », *Cahiers Internationaux de Symbolisme*, 21 (1972), pp. 39–50 (pp. 47–48).

5 Voir Dorothee Risse, *Homoerotik bei François Mauriac : zur literarischen Gestaltung eines Tabus* (Heidelberg, Universitätsverlag C. Winter, 2000), pp. 189–91. Pour une approche différente, on consultera François Durand, « Les Jeunes Héros de Mauriac devant l'amitié », *CFM*, 11 (1984), pp. 147–56.

composantes majeures de son mythe du poète[6].

La décision de publier *Les Mains jointes* en novembre 1909 s'avéra payante. L'auteur envoya un exemplaire de son recueil au romancier Paul Bourget qui le prêta à Maurice Barrès. Le 8 février 1910 celui-ci écrivait à Mauriac pour lui dire : « Monsieur, Vous êtes un grand poète que j'admire, un poète vrai, mesuré, tendre et profond qui n'essaie pas de forcer sa voix faite pour nous attendrir sur notre enfance. Je voudrais le dire au public. » (*OA* 170–71). L'éminent académicien le ferait dans un compte-rendu publié dans *L'Écho de Paris* du 21 mars 1910 : le « premier titre de noblesse » du futur prix Nobel (*BN*, II, 81). Bien que cet article fût globalement fort positif, il le fut un peu moins que la lettre du mois précédent. Barrès loua le jeune poète, certes, mais il lui lança aussi un défi : « Saura-t-il mûrir ? C'est là le grand problème. [. . .] Il faut quitter d'un pas assuré notre jeunesse et trouver mieux[7]. » Le poète bordelais mettrait du temps à relever ce défi ; pour l'instant, l'essentiel fut le fait que, grâce à cet article, on commençait à parler de lui dans les salons parisiens.

Barrès n'était pas le seul auteur contemporain à admirer ces vers. En décembre 1909 Francis Jammes écrivait à Mauriac pour lui remercier de ses « poèmes aussi simplement beaux (*Ne va plus t'attendrir. . .* est une merveille)[8] » (*LV* 385). Pour Anna de Noailles, *Les Mains jointes* étaient « un beau livre pour toujours » (*EJ* 49). Selon Robert Vallery-Radot, Mauriac était « la sensibilité la plus originale, la plus *vraie* qui ait paru depuis Verlaine » (*EJ* 47). Et Jean de la Ville de Mirmont, celui qui avait suggéré le titre du recueil, avoua : « je n'aimerai jamais rien de toi davantage que ces *Mains jointes* que j'ai vues s'unir dans notre obscure amitié » (*DAM* 53). Bien sûr, il se peut que les convenances épistolaires ou les sentiments d'amitié aient dicté, du moins en partie, de telles remarques. Mais on trouve également des comptes-rendus tout aussi chaleureux quoique moins personnels. Pierre Quillard, par exemple, affirme que même si le lecteur ne partage pas la foi du poète, il « sera pris au charme triste qui émane de [son] œuvre[9] ». Et Marc Lafargue se montre encore plus enthousiaste,

6 Voir Paul Cooke, *Mauriac et le mythe du poète : une lecture du « Mystère Frontenac »* (Paris, Lettres Modernes/ Minard, 1999), p. 8.

7 Cet article est reproduit dans le Dossier à la fin de la présente édition.

8 Dans un de ses derniers écrits, Mauriac remarque avec justesse que « c'était l'accent chrétien du livre » qui intéressait Jammes (*BN*, V, 368).

9 Pierre Quillard, « Les Poèmes », *Mercure de France*, n° 304 (février 1910), pp. 685–90 (p. 686).

déclarant que le livre de Mauriac est « plein d'une sensibilité aiguë et d'une émotion poignante qui trouve toujours dans une vraie retenue un accent qui atteint les fibres les plus secrètes[10]. » Le critique de la *Revue Montalembert* discerna « cette attitude essentiellement poétique d'étonnement en face des choses[11] » dans les vers du poète. N'oublions pas non plus l'éminent critique Émile Faguet qui voyait en Mauriac « un poète de rare essence », bien que, comme Barrès, il soulignât le besoin d'« un peu de maturité et de quelque effort, [. . .] pour que cette belle promesse soit tenue[12] ». Il est donc clair que les admirateurs contemporains des *Mains jointes* ne manquaient pas.

Pourtant il y avait aussi des lecteurs moins enthousiastes. Dans *La Rencontre avec Barrès* (1945), Mauriac lui-même cite ce qu'il appelle la « note assez fielleuse » d'Alain-Fournier, parue dans *Paris-Journal* au printemps 1912, dans laquelle l'auteur du *Grand Meaulnes* critiqua le conventionnalisme du poète (*OA* 192). Il cite également la réaction de Jacques Rivière, le beau-frère bordelais d'Alain-Fournier : « Je trouve très bien ta note sur Mauriac, lequel nous embête avec son ordre et sa discipline. » (*OA* 193)[13]. Mais le critique le plus sévère des *Mains jointes* fut toujours Mauriac lui-même, surtout dans l'avant-propos de l'édition de 1927, reproduit dans le Dossier à la fin de la présente étude. Il reprendrait les mêmes thèmes une année plus tard dans son essai *Dieu et Mammon* : « Les faciles délices d'une sensibilité religieuse me dictèrent *Les Mains jointes*. [. . .] Mais déjà, dans le secret, je n'éprouvais que dégoût pour cette dévotion jouisseuse, pour cette délectation sensible à l'usage des garçons qui n'aiment pas le risque. » (*ORTC*, II, 787–88). De telles remarques sont en partie confirmées par ce qu'il avait écrit au sujet de sa foi dans une lettre du 3 janvier 1911 à Robert Vallery-Radot : « Je suis tout juste capable de la mettre en coupe réglée et d'en faire une littérature qui m'attirera l'amitié des belles âmes comme la vôtre. Ce n'est pas suffisant. » (*LV* 41). Considérons aussi une phrase figurant dans « Les Beaux-Esprits de ce temps » (1914) où Mauriac dénonce un certain type d'écrivain

10 Marc Lafargue, « La Poésie », *Les Marges*, n° 25 (janvier 1911), pp. 15–28 (p. 26).

11 Léda, « *Les Mains Jointes*, par François Mauriac », *Revue Montalembert*, 2e année, n° 16 (25 décembre 1909), pp. 623–24 (p. 624).

12 Émile Faguet, « Les Poésies de M. François Mauriac », *Revue des Deux Mondes*, 1er novembre 1912, pp. 196–204 (p. 204).

13 Pour mieux saisir le contexte de cet échange, voir *François Mauriac et Jacques Rivière : Correspondance 1911–1925*, édition critique par John E. Flower, « Textes Littéraires », 68 (Exeter, University of Exeter, 1988), p. 8.

catholique : « A les entendre remuer d'exquis souvenirs d'enfance, il semble que la foi leur devienne un luxe entre beaucoup d'autres, une manière d'atteindre à certains excès de sensibilité. » (*EJ* 38). Malgré l'emploi de la troisième personne du pluriel, on discerne une autocritique à peine voilée derrière ces propos.

Les raisons qui incitèrent Mauriac à republier son premier recueil en 1927 ne sont pas claires. La dédicace de l'exemplaire envoyé à son éditeur Paul Hartmann (conservé à la Bibliothèque municipale de Bordeaux) implique que l'initiative vint de ce dernier : « A Paul Hartmann qui a cru bien faire en ressuscitant ces petits cadavres de poèmes — avec la gratitude et l'amitié de François Mauriac. » On peut imaginer que cette réédition présentait deux avantages principaux à l'esprit de Mauriac : d'abord, elle lui offrait la possibilité de gagner un peu d'argent supplémentaire à un moment où il se plaignait des articles de son traité avec Grasset[14] ; ensuite, l'avant-propos qu'il rédigea pour cette réédition lui permit de régler ses comptes avec son passé. Mais pourquoi l'auteur devenu célèbre fut-il si sévère à l'égard de son recueil de 1909 ? La date de son avant-propos fournit un premier indice : l'année 1927 est située au milieu de la fameuse « crise » religieuse traversée par Mauriac (*SR* 60–61). Passé ce cap, il se montrerait moins hostile à ses vers de jeunesse. En 1952, par exemple, il dirait à Jean Amrouche : « A l'heure actuelle je ne ressens pas du tout pour *Les Mains jointes* le sentiment que j'ai exprimé dans la préface à laquelle vous faites allusion et aussi dans celle de mes *Œuvres complètes.* » (*SR* 147). Et pourtant, comme nous le rappellent les dernières paroles de cette citation, même si l'irritation de Mauriac s'atténua avec le temps, ses sentiments restaient ambivalents. Une année avant ses entretiens avec Amrouche, Mauriac avait décidé de reproduire l'avant-propos de 1927 dans le tome VI de ses *Œuvres complètes* parues chez Fayard. Cette même année (1951), il avait également cité l'avant-propos in extenso dans *La Pierre d'achoppement*, le présentant comme « ce bref réquisitoire d'un chrétien lucide contre lui-même » (*OA* 339). En 1958, quand Mauriac parle de « ces pauvres vers qui sont devenus *Les Mains jointes* » (*OA* 674–75), l'adjectif semble bien exprimer une appréciation critique quant à la qualité de ces vers plutôt qu'un attachement sentimental de la part de l'auteur[15]. Cependant, dans une de ses dernières références aux *Mains jointes*, bien que l'auteur octogé-

14 Voir sa lettre du 9 mai 1927 à Louis Brun (*NLV* 115).

15 Cf. les propos de Mauriac dans son journal du 19 mars 1908, où il se décrit en train d'élaborer « des vers pauvres et que j'aime bien » (*EJ* 28).

naire qualifie son poème de « balbutiant », il insiste sur le fait que le recueil a tout de même rendu ce « témoignage » essentiel qui lui incombait en tant qu'écrivain (*BN*, v, 17).

Certains mauriaciens se sont contentés de reprendre telles quelles les critiques formulées par Mauriac lui-même dans leurs évaluations de son premier recueil de vers[16]. Mais, plus récemment, d'autres spécialistes ont redécouvert certaines qualités dans ces poèmes de jeunesse. Selon Robert Sabatier, l'auteur des *Mains jointes* « méritait plus d'approfondissement » que ne lui accorda Alain-Fournier[17]. Jean-Marie Pény fut le premier à monter une défense de ces « vers mal aimés » : d'après lui, les commentaires faits par Mauriac dans l'avant-propos de l'édition de 1927 s'expliquent par son désir de se conformer aux courants littéraires dominants[18]. Jean-Louis Curtis partage ce point de vue et suggère que puisque les impératifs du modernisme sont aujourd'hui moins urgents, on est plus libre d'apprécier « ce qu'il y avait d'original et de charmant dans ce chant ingénu[19] ». Du côté des critiques anglo-saxons, David O'Connell offre une réévaluation tout aussi positive : « Aujourd'hui ces poèmes constituent un petit trésor, car ils offrent un reflet exquis et fidèle de la perspective catholique d'une époque dont les derniers vestiges furent complètement balayés par le concile Vatican II[20]. » C'est Pierre-Henri Simon qui me semble trouver le juste milieu : bien que ces premiers poèmes soient « assez mous de facture et de pensée », le Mauriac de 1927 est « cruel jusqu'à l'exagération pour ces vers de bon jeune homme[21] ».

Puisque la citation de Simon soulève la question de la facture de ces poèmes, considérons brièvement leur aspect formel. Il est évident que les poèmes à forme fixe ne tentent pas beaucoup Mauriac. Dans ce premier recueil, on ne trouve que quatre sonnets (« L'Ami II », « Le Désastre » et les deux pièces de « La Pécheresse »), forme dont il ne se

16 Voir, par exemple, Marc Alyn, *François Mauriac* (Paris, Seghers, 1960), pp. 73–74, ainsi que son article « "Si je suis né poète" », dans *Mauriac*, « Génies et Réalités » (Paris, Hachette, 1977), pp. 115–39 (pp. 120–21).

17 Robert Sabatier, *La Poésie du XXe siècle*, 3 tomes (Paris, Albin Michel, 1982–88), I : *Tradition et évolution* (1982), p. 85.

18 Jean-Marie Pény, « Plaidoyer pour des vers mal aimés », *CFM*, 10 (1983), pp. 174–89 (p. 175).

19 François Mauriac, *Le Feu secret*, choix de poèmes et présentation par Jean-Louis Curtis (Paris, Orphée/ La Différence, 1993), p. 9.

20 David O'Connell, *François Mauriac revisited* (New York, Twayne, 1995), p. 161 ; traduit par moi-même.

21 Pierre-Henri Simon, *Mauriac par lui-même* (Paris, Éditions du Seuil, 1953), p. 13.

servirait plus jamais. Bien que tous les vers publiés de Mauriac respectent l'isosyllabisme, dans *Les Mains jointes* (comme plus tard dans *Orages* (1925)) il fait preuve d'un certain esprit d'expérimentation. Sur les 45 poèmes de l'édition originale[22], on trouve la distribution suivante :

Nombre de syllabes par vers	**Nombre de poèmes**[23]
12	30
11	1
10	4
8	6
7	3
6	1

Les hendécasyllabes de « Grandes Vacances I » sont uniques dans l'œuvre de Mauriac et les hexasyllabes d'« A un apôtre II » ne sont employés ailleurs que mélangés avec des vers plus longs[24]. L'alexandrin restera toujours le vers préféré de Mauriac : ce sera même la seule forme employée dans les poèmes de *L'Adieu à l'adolescence* (1911)[25]. La variété que l'on trouve au niveau des vers dans *Les Mains jointes* se rencontre également en termes de l'agencement des rimes. Mauriac mélange constamment rimes croisées et embrassées. S'il respecte l'alternance des rimes dans la plupart des cas, on trouve aussi des poèmes composés uniquement de rimes féminines (« Vacances de Pâques » et « L'Ami II » par exemple) ainsi que certaines strophes de rimes uniquement masculines (« Le Dernier Soir »). Quant aux rimes elles-mêmes, la grande majorité sont suffisantes ou riches, mais on trouve également une douzaine de rimes très riches (quatre phonèmes identiques) et environ quatre fois plus de rimes pauvres (souvent avec des monosyllabes comme *pas*, *bas*, *là*, *vie* et *vous*). Comme le montre un article à peu près contemporain de son premier recueil, Mauriac n'appréciait pas les rimes trop riches :

22 Pour arriver à ce chiffre, j'ai calculé séparément chaque poème précédé d'un chiffre romain.

23 Ces chiffres sont bons. Je signale en passant une erreur qui s'est glissée dans mon ouvrage *Mauriac : the poetry of a novelist* (Amsterdam, Rodopi, 2003), p. 64 où j'ai malheureusement confondu les chiffres pour les heptasyllabes et les hexasyllabes.

24 Voir « Le Disparu » (*OC6* 421–22), ainsi que deux poèmes d'*Orages* : « Petit chien sombre » et « Renoncement » (*OC6* 432–35).

25 Notons que les poèmes de la dernière section des *Mains jointes* (« Une retraite ») sont composés uniquement de vers de 12 syllabes.

> « Ah ! qui dira les torts de la Rime ! » s'écriait Verlaine. — Et je songe : qui dira ses bienfaits et son incomparable musique ! — à condition qu'elle soit humble et pauvre, qu'elle ne fasse pas, comme les Parnassiens, sonner grossièrement sa richesse et qu'elle ne fasse pas, comme dans *Chantecler*, la grimace d'un acrobate curieusement disloqué[26]. . .

On ne trouvera donc dans *Les Mains jointes* qu'une seule rime de cinq phonèmes identiques (*souvenir–venir* dans « L'Illusion ») et une autre de six (*les astres–désastre* dans « Le Désastre »). Le poète a parfois recours aux rimes pour l'œil comme *fous–tous* (« L'Écolier »), *petits–chétifs* (« A un apôtre I »), *Emmaüs–Jésus* (« L'Examen particulier ») et même *évêque–presque* (« Les Livres »). Et malgré les interdits du classicisme, il mélange volontiers les rimes plurielles et singulières[27]. Du point de vue du rythme, il est à noter que Mauriac n'hésite nullement à placer des proclitiques (privés par définition d'accent tonique) comme articles, prépositions, verbes auxiliaires, et pronoms personnels non-disjonctifs juste avant la césure[28], ce qui ne correspond pas aux traditions de la versification classique. Il se sert également à maintes reprises du rejet interne et la césure (si le terme peut s'appliquer dans de telles circonstances) tombe parfois au milieu d'un mot[29], surtout dans les vers à caractère trimétrique. Pour voir de bons exemples de tous ces procédés, il suffit de lire les six premières strophes d'« Évocation ». Globalement, il me semble que le jugement de Guyonnet par rapport au *Sang d'Atys* pourrait très bien s'appliquer aux *Mains jointes* aussi : « La versification de Mauriac est "sage", ce qui ne signifie pas pour autant médiocre[30]. »

Dans les *Nouveaux mémoires intérieurs* (1965), Mauriac laisse entendre que les poèmes des *Mains jointes* sont « presque tous des

26 François Mauriac, « Les Poèmes », *Revue du Temps Présent*, 4e année, t. I, no 6 (2 juin 1910), pp. 462–66 (p. 462).

27 Voir, par exemple, « L'Examen particulier ».

28 Dans « A la mémoire de R. L. II » la préposition « sur » est même placée à la fin d'un vers.

29 Selon Yves Le Hir, cette dernière technique est appliquée « sans discrétion » dans *Les Mains jointes*, « pour le simple résultat surtout d'assouplir l'alexandrin » ; dans *Orages* et *Le Sang d'Atys* elle deviendra « plus subtile ». Voir son article « La Versification de François Mauriac », dans *Le Vers français au 20e siècle* (Paris, Klincksieck, 1967), pp. 65-84 (p.70).

30 Anne-Marie Guyonnet, « Mauriac et le mythe d'Atys », thèse de Doctorat d'État, 2 tomes (Université de Paris IV, 1978), I, 451.

pastiches » (*OA* 675). Pastiches de qui ? En signant son « acte de naissance[31] » poétique, Barrès lui donna « pour père et pour grand-père un Verlaine qui n'a pas de remords, un Sainte-Beuve moins tourné vers la physiologie ». L'influence des vers chrétiens de *Sagesse* (1881) et du ton intime et mélancolique de *Vie, poésies et pensées de Joseph Delorme* (1829) est certes perceptible dans *Les Mains jointes*. Mauriac lui-même décrit le recueil comme « des vers avec du Jammes pour le plus récent, pour le reste plus ou moins du Sully-Prudhomme » (*SR* 114). Tout en acceptant l'influence de l'auteur des *Solitudes* (1869), Pény reste sceptique quant à la prétendue inspiration jammiste du recueil de 1909[32], scepticisme que je partage malgré quelques réminiscences du poète d'Orthez dans un poème comme « Vacances de Pâques ». Pény relève également des échos de Maurice et Eugénie de Guérin, Chateaubriand, Lamartine et, surtout, Laforgue dans *Les Mains jointes*, mais exclut l'influence de Musset[33] — ce qui me surprend étant donné les parallèles entre la deuxième section du livre (« L'Étudiant ») et un poème comme « La Nuit de décembre » (1835). Quoique, de commun accord, *Orages* soit le recueil le plus baudelairien de Mauriac, on entend un écho du poète de « Spleen » au début de « L'Étudiant I ». A tous ces noms, selon Michel Décaudin, il faudrait ajouter celui de Maeterlinck, « avec son goût pour le mystère des choses, son sens de la vie profonde, ses angoisses fiévreuses[34]. » N'oublions pas finalement d'autres auteurs cités par Mauriac dans les nombreuses épigraphes placées en tête des poèmes figurant dans ses cahiers d'écolier : Montaigne, Pascal, La Bruyère, Vigny, Hugo, Villiers de l'Isle-Adam, Loti, Samain, Bourget, Rodenbach, et Sangnier (sans parler des auteurs bibliques). Cette liste offre un excellent aperçu des lectures préférées du jeune Mauriac et ces auteurs ont tous marqué, à des degrés divers, ses propres écrits à cette époque. Beaucoup d'influences, donc, et, il faut en convenir, une certaine tendance au pastiche dans ce premier recueil. N'exagérons pourtant pas : dans la fraîcheur du

31 L'expression est de Michel Suffran, « Au nom du père : essai sur les rapports de "réalité" et de "fiction" entre François et Jean-Paul Mauriac », *CFM*, 17 (1990), pp. 33–47 (p. 40).

32 Pény, « Plaidoyer pour des vers mal aimés », pp. 175–76.

33 *Ibid.*, pp. 177–79. Sur l'influence de Laforgue, je renvoie à l'étude de Bernard C. Swift, *Mauriac et le Symbolisme* (Bordeaux-le-Bouscat, L'Esprit du Temps, 2000), pp. 88–92.

34 Michel Décaudin, « Les Premiers Poèmes de Mauriac », dans *François Mauriac 1 : la poésie de François Mauriac*, textes réunis par Jacques Monférier (Paris, Lettres Modernes/ Minard, 1975), pp. 9–23 (p. 21).

souvenir (« L'Écolier »), le regret de la pureté perdue (« L'Ame ancienne »), l'évocation du monde naturel (« Grandes vacances »), l'hésitation entre l'amour et l'amitié (« L'Ami »), la culture livresque (« Les Livres »), la centralité du Christ (« La Messe »), la compassion à l'égard des mal-aimés (« La Pécheresse ») et la fidélité aux amis disparus (« A la mémoire de R. L. »), on entend la voix authentique de François Mauriac. Les parallèles relevés dans le Dossier entre les poèmes des *Mains jointes* et les romans de Mauriac montrent bien que certains aspects du style et de l'imaginaire de l'écrivain sont déjà en place dès ce premier recueil[35]. La suite intitulée « Grandes Vacances » est particulièrement riche de ce point de vue.

La poésie représentait un élément important de la vie des jeunes frères Mauriac (dont François était le benjamin). Comme le raconte Pierre, l'aîné, « Le mystère est l'unanimité de quatre frères à n'accorder de crédit qu'à la littérature dont notre entourage se souciait peu. [. . .] Encore bien jeunes, nous déclamions des pages entières des *Morceaux Choisis* de l'abbé Ragon que nous savions par cœur[36] ». Le jeune François commença à écrire des vers très tôt[37]. Selon Mauriac, on l'a vu, certains poèmes des *Mains jointes* furent « composés au collège, durant l'étude du soir[38] » (*OC6* iii). Il irait encore plus loin dans une conversation avec François Chapon vers la fin des années 60 : « *Les Mains jointes*, c'est charmant. Évidemment il faut y voir l'œuvre d'un garçon de quinze, seize ans. La plupart des pièces ont été écrites quand j'étais encore collégien, les dernières à vingt ans[39]. » Or, Mauriac fut

35 Voir aussi mon article « Échos des *Mains jointes* et de *L'Adieu à l'adolescence* dans *L'Enfant chargé de chaînes* », *NCFM*, 12 (2004), pp. 49–66.

36 Pierre Mauriac, *François Mauriac, mon frère*, introduction et notes de Jacques Monférier (Bordeaux-le-Bouscat, L'Esprit du Temps, 1997), pp. 25–26.

37 Vers l'âge de dix ans il présenta un recueil de « Fables anciennes et modernes » à sa famille — voir « Un poète de dix ans », dans *François Mauriac*, cahier dirigé par Jean Touzot (Paris, Éditions de l'Herne, 1985), pp. 59–60. L'original est conservé à la Bibliothèque littéraire Jacques Doucet, où l'on trouve aussi cinq cahiers de vers écrits par Mauriac entre 1902 et 1905 (MRC 2, MRC 3, MRC 4, MRC 5 et MRC 6). Un sixième cahier est conservé à la Bibliothèque municipale de Bordeaux : ce manuscrit n'a pas de cote, mais porte la date de 1905.

38 Notons toutefois que dans ses *Mémoires intérieurs* (1959), Mauriac se décrit à Malagar, assis sur le même banc où il « écrivait les vers des *Mains jointes* » (*OA* 453). Aucune trace ici du collège comme lieu principal de la rédaction des poèmes de son premier recueil.

39 François Chapon, « Le Fonds François Mauriac », dans *Mauriac et les grands esprits de son temps*, catalogue de l'exposition par Noël Herpe (Paris, Agence culturelle de Paris, 1990), pp. xi–xvi (p. xiv).

élève au collège Sainte-Marie de Grand-Lebrun à Bordeaux de 1898 à 1903. A proprement parler ce ne sont donc que les manuscrits MRC 2 (1901–03), MRC 3 (janvier–avril 1903), MRC 4 (1903) et, en partie, MRC 5 (1903–04) qui correspondent à cette période.

Trouve-t-on donc dans ces manuscrits des poèmes correspondant à ceux des *Mains jointes* ? A peine : seuls cinq vers du poème « Le Sens de la vie » (les vers 14–16 et 27–28 de la deuxième partie) sont empruntés à un de ces manuscrits (MRC 5, f. 8r° et f. 6r° respectivement). Il est vrai que « Le Sens de la vie » doit beaucoup à un poème antérieur (« Confidences ») où l'on peut identifier six autres vers empruntés aux cahiers d'écolier de Mauriac, mais ces six vers-là ne paraissent pas dans « Le Sens de la vie ». Il existe, certes, de fortes similarités thématiques et lexicales entre ces cahiers d'écolier et le recueil de 1909. Dans MRC 2, par exemple, on trouve déjà certains thèmes clé des *Mains jointes* : l'isolement dans « Pourquoi seul ? » (f. 3v°), l'âme dans « Sonnet » (f. 4r°), l'amour maternel dans « Pensionnaire » (f. 5v°), et l'ennui dans un poème sans titre (f. 13r°). Puis, vers la fin du cahier, comme c'est souvent le cas dans les œuvres publiées de Mauriac, il y a une nette orientation vers le Dieu chrétien. Dans MRC 3 on voit un contraste entre « Le pur amour qui ne vient pas » et « un corps infâme » (f. 18r°). Le même contraste existe dans MRC 4 (f. 9r°) où l'on rencontre d'autres thèmes chers au « je » des *Mains jointes* : le soir, il est seul avec sa peine, en train de sangloter dans son coussin (f. 5v°) ; une morne tristesse lui vient de sa vulgarité, mais cette bassesse dont il souffre est en même temps sa « supériorité » (f. 6r°). Quant à MRC 5, Mauriac donna le titre « Vers mystiques » à la première section du cahier dont la tonalité religieuse est très marquée. L'inadaptation du poète à la vie moderne ressort clairement dans un poème comme « La Tour d'ivoire » où il rêve « d'un réduit parfumé » qui lui permettrait de « distill[er] en vers subtils [s]a peine » et de « [s]e consol[er] de n'être pas aimé » (f. 10r°). Le thème de la nuit complice du péché est développé dans les strophes 5 et 6 de « Casuistique » (f. 25r°). La troisième section, intitulée « Larmes d'automne », célèbre le « charme douloureux de l'arrière-saison » pour citer l'épigraphe empruntée à Albert Samain (f. 27r°). Dans « Celle qui remplace » on trouve un vers préfigurant un thème essentiel de l'œuvre ultérieure de Mauriac : les brises d'automne « Dans les pins blessés ont des cris humains » (f. 29r°). D'autres aspects de la campagne landaise sont évoqués dans « Impression de nuit, l'hiver, dans les pins » (f. 42r°). Dans « La Vie intérieure » on lit que « Pour songer à notre âme, il faut qu'elle soit triste, | Et l'on y pense mieux quand on l'entend pleurer »

(f. 31r°). Le même poème rend explicite la dette de Mauriac envers Musset et Vigny en ce qui concerne son dolorisme larmoyant (f. 32r°). Mais le poème « Vieux jeu » (f. 43r°) montre également que Mauriac ne se prenait pas trop au sérieux dans ces vers de jeunesse.

Beaucoup de parallèles, donc, entre ces vers écrits au collège et ceux que l'on trouve dans *Les Mains jointes* : il s'agit souvent des mêmes thèmes, de la même tonalité, et du même vocabulaire. Mais les emprunts directs faits à ces quatre manuscrits sont très rares : cinq vers seulement se retrouvent dans le recueil de 1909. A moins que le collégien n'ait recopié ses vers dans d'autres cahiers qui n'existent plus[40] ou qui appartiennent à des collections privées, Mauriac semble avoir quelque peu exagéré en laissant entendre que la plupart des poèmes des *Mains jointes* furent composés au collège. Mais ce mythe s'est avéré tenace. Même un biographe aussi scrupuleux que Jean Lacouture (selon qui les poèmes rédigés pendant l'étude du soir devaient devenir « l'essentiel » des *Mains jointes*[41]) s'est trop facilement fié à la mémoire de l'auteur. Plus surprenant encore, puisque son ouvrage fait preuve d'une bonne connaissance des manuscrits concernés, est le commentaire d'Aleksander Milecki pour qui le travail fourni par Mauriac en 1909 pour produire *Les Mains jointes* « n'avait pas tant consisté à écrire qu'à choisir et à peaufiner la forme de poèmes composés depuis au moins 1902[42] ». A moins que la découverte de nouveaux manuscrits ne vienne l'étayer, une telle conclusion me semble loin d'être prouvée.

Il est vrai, par contre, que les cahiers datant de 1905–06 (quand Mauriac préparait sa licence de lettres à Bordeaux), c'est-à-dire MRC 6 et les manuscrits de Bordeaux, comportent certains vers à l'origine de poèmes des *Mains jointes*. Voici une liste des poèmes concernés :

Les Mains jointes	**Manuscrits**
« L'Ame ancienne »	[Brouillon sans titre] (BDX 2)
« A un apôtre I »	« Ceux dans les coins » (MRC 6)
« A un apôtre II »	« Malgré leur haine » (MRC 6)

40 Dans *Commencements d'une vie* (1932), Mauriac s'écrie : « Que ne donnerais-je pas pour retrouver les cahiers intimes de ma première adolescence que j'eus la sottise de brûler ! » (*OA* 82). Mais il ne fait aucun lien entre ces cahiers détruits (rédigés à Grand-Lebrun) et les poèmes des *Mains jointes*.

41 Jean Lacouture, *François Mauriac*, 2 tomes (Paris, Éditions du Seuil, 1990), I : *Le Sondeur d'abîmes, 1885–1933*, p. 44.

42 Aleksander Milecki, *François Mauriac ou la liberté de l'esprit*, traduit du polonais par Jacqueline Kochan (Paris, L'Harmattan, 1999), p. 104.

« Veillées I »	« Tête à tête » (MRC 6) et « La Chambre » (BDX 1)
« Veillées II »	« Au fond » (MRC 6) et « Lâcher-tout » (BDX 1)
« Veillées III »	« Lâcher-tout » (MRC 6) et « Dualité » (MRC 6)
« Une retraite »	[Brouillon sans titre] (BDX 2)
« Les Livres »	[Brouillon sans titre] (BDX 2)
« La Messe »	[Brouillon sans titre] (BDX 2)
« L'Examen particulier »	« Intellectuels » (MRC 6)
« Le Sens de la vie I »	« Vers pour le Sillon » (MRC 6)
« Le Sens de la vie II »	« Vers pour le Sillon » (MRC 6)

Il ne s'agit donc que de douze poèmes sur un total de quarante-cinq dans l'édition de 1909. L'étude des manuscrits actuellement disponibles ne soutient donc guère la thèse selon laquelle *Les Mains jointes* seraient essentiellement l'œuvre d'un écolier. Si Mauriac a donné l'impression contraire, c'est peut-être parce que, gêné par cette œuvre de jeunesse, il cherchait à prendre ses distances par rapport à son premier livre.

Mais il ne s'en désintéressait pas pour autant. Les éditions parues après 1909 furent toutes corrigées par Mauriac lui-même et les changements montrent clairement qu'il relisait attentivement sa copie avant de la remettre[43]. Deux poèmes disparaissent du recueil au fil des ans : « Le Sens de la vie » (que l'on trouve uniquement dans l'édition de 1909) et « Le Désastre » (absent des éditions de 1927 et 1951). « Le Sens de la vie » remanie le premier poème publié de Mauriac, celui qui parut dans *Le Petit Démocrate*, organe du Sillon limousin[44], le 2 juillet 1905. Les premières origines du Sillon remontent à 1894 quand Paul Renaudin lança une revue de ce nom. En 1899 Marc Sangnier prit la direction de cette revue qui devint l'organe d'un mouvement de masse voué à la réconciliation des catholiques avec la République et des jeunes bourgeois avec les jeunes ouvriers. Le Sillon fut à l'origine du mouvement chrétien-démocrate en France et, à la Libération, Sangnier deviendrait président d'honneur du Mouvement républicain populaire si cher à Mauriac à la même époque. Très tôt, l'abbé Jean Mauriac participa aux activités du Sillon bordelais et son frère cadet

43 Remarquons toutefois que l'édition de 1951 reprend l'essentiel du texte de 1927 ; la plupart des changements ne concernent que la ponctuation et l'emploi des majuscules.

44 Animé par l'abbé Henri Desgranges qui se sépara de Marc Sangnier vers la fin de 1906, Mauriac adhérant à ce schisme — voir François Durand, « Mauriac et le Sillon », dans *François Mauriac 3 : François Mauriac et son temps*, textes réunis par Jacques Monférier (Paris, Lettres Modernes/ Minard, 1980), pp. 9–19 (p. 14).

François ne tarda pas à l'y rejoindre[45]. Mais malgré le fort attrait de la personnalité charismatique de Sangnier, le jeune bourgeois cultivé que fut Mauriac se sentit bientôt mal à l'aise dans un mouvement où l'on cherchait à surmonter les distinctions sociales et où l'on se méfiait des « intellectuels ». Commencé en 1905, l'engagement sillonniste de Mauriac semble donc avoir pris fin avant 1907. Il est bien connu que Mauriac fit le récit (à peine déguisé) de son expérience sillonniste dans son premier roman, *L'Enfant chargé de chaînes* (1913). Moins bien connus, peut-être, sont les poèmes inspirés par cette même expérience. Mais si ces vers sont peu connus, c'est surtout parce que Mauriac cherchait à les faire oublier. La décision d'omettre « Le Sens de la vie » de la deuxième édition des *Mains jointes* fut sans doute motivée par le côté trop ouvertement « sillonniste » du poème où le *je* lyrique s'exhorte, malgré sa faiblesse et ses doutes, à aller vers « la foule triste » des « lointains faubourgs ». « Le Désastre », par contre, ne manifeste aucune influence sillonniste (le poème est daté du 24 mars 1909 dans MRC 8). Il est donc difficile de savoir pourquoi Mauriac décida de l'exclure : le poème est simplement barré de la main de l'auteur lui-même sur l'exemplaire de l'édition de 1909 dont il se servit pour indiquer les modifications souhaitées pour l'édition de 1927[46]. Au chapitre des poèmes exclus, notons que Mauriac décida tardivement de supprimer deux pièces figurant sur les épreuves de l'édition originale (conservées à la Bibliothèque municipale de Bordeaux). Il s'agit d'un poème intitulé « Fin d'hiver » qui devait suivre « Trahison » et de « La Paix dans le soir » qui devait clore le recueil (les deux poèmes sont repris dans notre Dossier). Le premier fut peut-être supprimé à cause de la répétition de certaines plaintes qui risquaient de devenir un peu lassantes : je pense aux vers où le poète évoque « la grise douceur de [s]a médiocrité », « [s]on cœur déshérité », « [s]a faiblesse et [s]a laideur ». Quant à « La Paix dans le soir », plutôt que de terminer son livre par un poème qui se lit comme une réplique vertueuse à certains aveux antérieurs[47],

45 Voir Jacques Monférier, « La Vie fraternelle : François, Jean et le Sillon bordelais », *TCER*, 13 (juin 1983), pp. 31–36.

46 Cet exemplaire est conservé à la Bibliothèque municipale de Bordeaux. Il contient également le manuscrit de l'avant-propos de l'édition de 1927.

47 L'âme « fervente » qui désire retrouver « Blanche comme autrefois, la pureté bannie » rappelle l'« Ame blanche d'enfant dont le rêve me reste » évoquée dans « L'Ame ancienne », et les deux derniers vers de « La Paix dans le soir » où cette « pauvre âme inconnue et secrète » se console puisqu'elle va « au long des routes, chaque soir, | Pour faire un peu de bien aux âmes rencontrées » suggèrent que le poète cherche à corriger le manque de compassion décrit dans « L'Examen particulier » : « Je songe à tout le bien que mon âme eût pu faire | A l'âme rencontrée et qu'elle n'a pas fait. »

Mauriac préféra le remplacer par un poème plus récent (absent des épreuves) où il se souvient de l'ami à qui est dédié le recueil.

La suppression de « Le Sens de la vie » à part, les différences entre l'édition originale et celle de 1910 ne sont pas nombreuses et concernent, avant tout, la ponctuation, l'emploi des majuscules, et la correction de quelques coquilles. Dans « Veillées I », le poète joue avec le rythme du vers 4 : « Pour que légers vos doigts l'effleurent » (1909) devient « Pour que vos doigts légers l'effleurent » (1910). Mais il n'était évidemment pas très convaincu par ce changement, parce qu'on retrouve la version originale dans l'édition de 1927. Ce même cycle d'une modification suivie d'un retour à l'original se voit dans le cas de « Faiblesse » où le vers « Stupide et les yeux clos, elle ne cherche plus » devient « Détachée à jamais, elle ne cherche plus » en 1910 avant de revenir à la formule originale (plus vive) en 1927. Enfin, le dernier vers de la première strophe de « Chanson » est complètement remanié en 1910, peut-être afin d'éviter la répétition du mot *rêve* sur deux vers consécutifs.

Les variantes dans l'édition de 1927 sont un peu plus nombreuses et, souvent, plus significatives. Si l'on revient à « Chanson », par exemple, on trouve que la première strophe a été entièrement remaniée :

1910	**1927**
C'est la prière du silence,	Tes pas se perdent. Le silence
Le chant des rêves sur le toit,	Est doux après ton aigre voix.
Les mêmes qu'au temps de l'enfance. . .	O volupté de ton absence !

Grâce à ces changements, on est mieux préparé pour le cri terrible du vers 9 : « Ah ! comme je t'aimerais morte ! » Un autre poème, « La Pécheresse I », devient plus sensuel : au lieu de « la chair des lèvres bien-aimées | S'écrase désirable ainsi qu'un fruit vivant » la strophe se termine ainsi : « S'écrase pour se fondre ainsi qu'un fruit vivant. » Le verbe *se fondre* offre une image dont la moiteur sensuelle est plus évocatrice que l'adjectif *désirable.* En plus de l'exclusion des poèmes mentionnés plus haut, Mauriac décida aussi d'omettre une strophe de « L'Examen particulier ». Il s'agit des vers 24 à 27 du texte des deux premières éditions :

> Je songe que de Vous, ô mon Dieu, séparé
> J'aimai les vieux pastels, les fleurs, les livres rares,
> L'étoffe douce où longuement les doigts s'égarent

Et fus triste — goûtant le bonheur de pleurer. . .

Pourquoi Mauriac choisit-il de barrer cette strophe ? Peut-être parce qu'elle lui rappelait trop celle que l'on trouve dans un de ses tout premiers poèmes, « Intellectuels », paru en octobre 1905 dans *La Vie fraternelle*, organe du Sillon de Bordeaux et du Sud-Ouest :

L'été, dans la tiédeur des nuits, ils vont errer. . .
Ils aiment les bijoux, les fleurs, les saxes rares,
L'étoffe précieuse où leurs doigts longs s'égarent
Mais sont tristes — goûtant la douceur de pleurer.

Encore une fois, la décision de modifier le texte semble traduire un désir d'effacer les traces de son passé sillonniste. C'est peut-être sous l'influence de la décision d'exclure cette strophe de « L'Examen particulier » (où l'on trouve la phrase nominale « les vieux pastels ») que Mauriac décida également de modifier un vers d'« Ami d'enfance » : « Des vieux pastels effacés » (1909 et 1910) devenant « Des pastels presque effacés » (1927). Une dernière série de modifications concerne les mots *âme* et *douce/douceur*. Le terme *âme* (au singulier et au pluriel) figure 72 fois dans l'édition de 1909, mais seulement 57 fois dans celle de 1927. Cette diminution est en partie due à la suppression des deux poèmes identifiés plus haut (où le mot *âme(s)* figurait 6 fois), mais elle s'explique surtout par les changements que l'on trouve dans un groupe de poèmes de la dernière section : « La Faiblesse », « L'Immuable », « L'Inconnu », « L'Illusion » et « La Peine ». Dans ce même groupe de poèmes, on constate également la disparition des mots *douce* (une fois) et *douceur* (deux fois)[48]. C'est comme si, arrivé vers la fin du recueil en le relisant, Mauriac se rendit compte que certains termes revenaient trop souvent et chercha donc à corriger ce manque de variation lexicale, sans toutefois donner l'impression d'avoir trop remanié ses vers de jeunesse.

Globalement donc même si le texte des *Mains jointes* reste assez stable d'une édition à l'autre, Mauriac effectua un certain nombre de changements (surtout en 1910 et 1927) qui suggèrent qu'il cherchait à infléchir l'impression laissée par ce premier recueil. Il tint, en particulier, à abolir les traces de son passé sillonniste et, en même temps, essaya d'introduire quelques images plus saisissantes et de varier un

48 Les mots *doux* (dans toutes ses formes), *douceur*, et *doucement* figurent 34 fois dans l'édition de 1909.

peu ses choix lexicaux. Malgré l'autocritique sévère de l'avant-propos de l'édition de 1927 (une bonne stratégie publicitaire), l'écrivain devenu célèbre jugea bon de remanier de façon discrète ses poèmes de 1909 plutôt que de les livrer tels quels aux yeux du public.

La seconde partie de la présente édition est consacrée à certains poèmes publiés par Mauriac dans diverses revues littéraires entre 1905 et 1923. Ces vers appartiennent à l'une des trois catégories suivantes : (i) poèmes absents du tome VI des *Œuvres complètes* ; (ii) poèmes repris dans ce tome mais dont la publication en revue n'est pas signalée dans les bibliographies des œuvres de Mauriac[49] ; (iii) poèmes repris dans les *Œuvres complètes* mais dont la première publication offre des variantes importantes. Cet échantillon permettra au lecteur de situer les poèmes des *Mains jointes* dans le contexte plus large de la production poétique de Mauriac.

Les vers publiés dans *Le Petit Démocrate* constituent une véritable trouvaille[50]. Jusqu'ici c'est une nouvelle intitulée « La Tour d'ivoire », parue dans *La Vie fraternelle* du 15 juillet 1905, qui a été considérée comme la première œuvre littéraire de Mauriac[51]. Mais le premier poème paru dans *Le Petit Démocrate* fut publié une douzaine de jours avant cette date. Ces vers de prime jeunesse, destinés tous à des organes sillonnistes, sont loin d'être des chefs-d'œuvre littéraires, mais ils constituent tout de même une étape jusqu'ici cachée dans l'évolution poétique de Mauriac. Toujours au chapitre des chaînons manquants, on se reportera à deux suites de poèmes non reprises et donc peu connues[52]. La première, « Élégie », parut en avril 1914 dans

49 Voir Keith Goesch, *François Mauriac : essai de bibliographie chronologique, 1908–1960* (Paris, Nizet, 1965) et Laurence Granger, « Supplément bibliographique », *NCFM*, 4 (1996), pp. 297–310.

50 Elle invalide la conclusion de Scott, selon qui le poème « Intellectuels », paru dans *La Vie fraternelle* en octobre 1905, fut la dernière contribution de Mauriac à une revue sillonniste ; *Le Petit Démocrate* continua en fait à reproduire certains de ses poèmes jusqu'en 1911. Voir Malcolm Scott, « The *Sillon* and Mauriac's first published writings », *Forum for Modern Language Studies*, 7 (1971), pp. 121–25 (p. 124).

51 Elle est reproduite dans *TCER*, 5 (juin 1979), pp. 47–51. La première publication tout court de Mauriac fut le compte-rendu d'un pèlerinage sillonniste à Lourdes — voir F[rançois] M[auriac], « A Lourdes », *La Vie fraternelle*, 1ère année, n° 6 (15 juin 1905), pp. 129–31.

52 Marc Quaghebeur est un des rares critiques à les évoquer dans son article « Mauriac poète : interstices », *Les Lettres romanes*, 25.2 (1971), pp. 178–99. J'en offre une analyse dans *Mauriac : the poetry of a novelist*, pp. 95–100 et 108–15.

la nouvelle série des *Cahiers*, revue connue jusqu'à la fin de 1913 comme *Les Cahiers de l'Amitié de France*. On sait que Mauriac fondait de grands espoirs sur cette revue catholique d'avant-guerre[53]. Ce fut la guerre de 14–18 qui mit fin à ses espoirs et qui l'encouragea à changer de style. La seconde suite de poèmes, « Les Morts du printemps », fut inspirée par son expérience de la guerre et parut dans une revue plus classique, le *Mercure de France* du 1er novembre 1915. Les noms des revues qui publièrent ses poèmes d'après-guerre indiquent que Mauriac ne voulait plus s'enfermer dans le ghetto de la littérature dite « spiritualiste ». Entre 1921 et 1923 un total de dix-huit poèmes de Mauriac parut dans des revues comme *Les Écrits nouveaux*[54], *La Revue européenne*, *Intentions* et *L'Œuf dur* qu'on pourrait toutes qualifier de plus ou moins avant-garde. Dans la même période, à côté de la signature de Mauriac, on trouve celles d'auteurs comme Aragon, Fargue, Jacob, Jouhandeau, Jouve, Joyce, Morand, Mac Orlan, Proust, Radiguet, Ribemont-Dessaignes, Saint-Pol-Roux, Supervielle, Tzara, Valéry, Valery Larbaud et Yeats.

La date limite de notre édition (1923) représente la fin d'une certaine période d'activité poétique de la part de Mauriac : entre 1924 et 1939 il ne publierait aucun poème en revue. Non qu'il tourne le dos aux vers : peu après 1923 il semble s'être mis à la composition du *Sang d'Atys*[55], poème qu'il garda pour lui-même avant de le faire publier dans *La Nouvelle Revue française* en janvier 1940. Et puisque ce cycle mériterait à lui seul une étude à part, j'ai préféré ne pas aller au-delà des poèmes du début des années 20 qui paraîtraient dans *Orages*. Ce recueil, qui regroupe des poèmes composés entre 1912 et 1923 (*OC6* 426), montre clairement le chemin parcouru par le poète François Mauriac depuis la publication des *Mains jointes*.

53 Voir Flower, « La Correspondance entre François Mauriac et Claire Mauriac », pp. 42–45 et Jean Touzot, « Les Trois Avatars de la revue rivale », *NCFM*, 8 (2000), pp. 199–210 (pp. 200–04).

54 Dans le numéro de février 1922 de cette revue, Mauriac publia trois poèmes qui seraient repris dans *Orages* sous les titres « La Marée infidèle », « Le Regret du péché » et « David vaincu » (*OC6* 436–37, 445). Les variantes étant d'ordre mineur, ces vers ne sont pas reproduits dans la présente édition.

55 Selon la préface (p. 4) de l'édition d'*Orages* publiée chez Grasset en 1949, *Le Sang d'Atys* fut écrit entre 1927 et 1938. Mais dans une lettre à Georges Duhamel du 17 décembre 1939, Mauriac décrit son texte comme « un poème pris, repris, déchiré, depuis *quinze ans*, tant il est païen » (*NLV* 193; c'est Mauriac qui souligne), ce qui impliquerait qu'il le commença plutôt vers 1924.

En comparant les premières versions des poèmes de ce troisième recueil avec les textes définitifs, on notera une tendance générale au raccourcissement, surtout dans le cas de « La Tempête apaisée » où Mauriac s'inspira de plusieurs poèmes plus longs (« Nocturne » en particulier) pour en distiller un seul texte d'une intensité lyrique accrue. On a parfois l'impression qu'en révisant les versions primitives Mauriac voulut éviter un style qui ressemblait toujours un peu trop à celui de ses deux premiers recueils. S'il change « Que je vous ai donnée, un soir du triste hiver » (« Élégie II ») en « Que nous avons crue morte, au long du noir hiver » (« L'Émeraude »), c'est peut-être parce que l'adjectif « triste » appartient davantage au lexique pathétique de ses vers de jeunesse[56]. Les seize premiers vers de « Poèmes [1921] IV » évoquent l'obsession du passé (thème central dans les deux premiers recueils de Mauriac), mais cette obsession ne paraît plus quand les vers concernés sont supprimés dans « Renoncement ». Puisque les apostrophes à l'âme ou au cœur se font plus rares dans les poèmes de sa maturité[57], il est normal que Mauriac remplace « O cœur, que ne m'as-tu roulé d'un flot amer » (« Poèmes [1921] IV ») par « Que ne m'as-tu roulé soudain, d'un flot amer » (« Renoncement »). En comparant « Élégie I » avec « L'Ombre » et « Élégie II » avec « L'Émeraude » on peut constater que Mauriac est en train de développer un style basé davantage sur les métaphores[58] : « Quand les faucheurs, comme une armée anéantie » devenant « A l'heure où des faucheurs l'armée anéantie », et « La mystérieuse eau de cette étrange Pierre » se transformant en « La mystérieuse eau qui dort dans cette pierre ». Ailleurs (la comparaison est entre « Poèmes [1921] IV » et « Renoncement »), Mauriac remplace un adjectif de couleur antéposé qu'il a peut-être considéré comme un peu précieux (« Mon corps était léger au rose jour des rues ») par une simple métaphore : « Mon corps était léger au jour naissant des rues ». Notons toutefois que dans les deux mêmes poèmes une métaphore jugée peut-être trop conventionnelle est transformée en une évocation plus directe : « A la fleur de ta bouche » devient ainsi « Au contour de ta bouche[59] ». Poursuivant

56 Voir Cooke, *Mauriac : the poetry of a novelist*, p. 62.

57 *Ibid.*, p. 61.

58 Cf. Jean Touzot, « Analogie et poème, ou les deux saisons de l'imagerie mauriacienne », dans *François Mauriac 1 : la poésie de François Mauriac*, textes réunis par Jacques Monférier (Paris, Lettres Modernes/ Minard, 1975), pp. 25–49.

59 Cette modification s'accorde bien avec le thème de la géographie du corps, présent dès le début d'*Orages* dans « Sédentaire » (*OC6* 427).

la comparaison entre « Élégie I » et « L'Ombre », il semble que Mauriac soit à la recherche d'une langue à la fois plus dynamique (« Étendaient sur le sol leurs bras crucifiés » devenant « Écrasait l'herbe sous des corps crucifiés ») et mieux ancrée dans des sensations physiques précises (« De toutes les douleurs dont j'ignorais le nombre » devenant « Assourdi par le cri des cigales sans nombre »). Remarquons finalement un changement qui montre bien, comme le dit André Séailles, que dans « Fils du ciel » Mauriac se livre à une sorte de « pastiche fervent de Rimbaud qui témoigne d'une extrême familiarité avec son œuvre[60] », car, en remplaçant « Si tes jeux détruisaient le visage du monde » par « Si tes jeux détruisaient l'apparence du monde », il fait écho à une phrase du poème en prose d'*Une saison en enfer* intitulé « L'Éclair » : « Et nous existerons en nous amusant, en rêvant amours monstres et univers fantastiques, en nous plaignant et en querellant les apparences du monde[61] ».

En plus de ces modifications d'ordre stylistique (auxquelles se rattache l'emploi plus rare des majuscules dans les versions définitives des poèmes d'*Orages*), on trouve aussi des changements témoignant d'une certaine hésitation de la part de l'auteur sur les plans moral et religieux. En un sens, par exemple, la version définitive d'« Autre péché » est plus osée que celle publiée en 1921 : en modifiant « Prions les étoiles sourdes, | Aux doux noms de mauvais dieux » en « J'invoque une étoile sourde | Au doux nom de mauvais dieu », Mauriac rend le thème d'une invocation de Satan encore plus explicite (le « doux nom » étant sans doute celui de Lucifer, l'étoile du matin[62]). Mais la version définitive du poème se termine par une strophe supplémentaire qui assure le triomphe du « Dégoût » et du Dieu chrétien. Les changements apportés à « Ganymède » (devenu « Ganymède chrétien ») témoignent de ce même désir de renforcer la dimension chrétienne du poème. Le vocabulaire du vers 7 devient plus explicitement religieux : « L'indigence d'un cœur en qui la grâce abonde » étant remplacé par « Qu'aux cœurs crucifiés en qui la Grâce abonde ». La perspective morale du vers 12 est moins ambiguë dans la version définitive (« Le

60 André Séailles, « François Mauriac lecteur de Rimbaud : affinités et contrastes », *CFM*, 5 (1978), pp. 95–112 (p. 99).

61 Arthur Rimbaud, *Œuvres*, sommaire biographique, introduction, notices, relevé de variantes, bibliographie et notes par Suzanne Bernard et André Guyaux (Paris, Garnier, 1981), p. 238.

62 Voir Ésaïe 14. 12 dans la Vulgate. Dans le Nouveau Testament, c'est Jésus qui est identifié à l'étoile du matin (voir 2 Pierre 1.19 et l'Apocalypse 22. 16).

péché que je hais, que j'appelle et que j'ose » devenant « Le péché que je hais, que je fuis et que j'ose »). Et les vers 18 et 19 deviennent plus moralisateurs grâce à la modification des adjectifs : le poète n'est plus « Serf d'un plaisir si fort », mais « d'un plaisir si bas » et sa chair n'est plus simplement « cet abîme de joie », mais une « triste abîme de joie ». Le fait que Mauriac choisit de publier les premières versions de ces poèmes dans des revues modernes indique qu'il cherchait à séduire un public plus large ; mais certains remaniements faits en vue de la publication de ces mêmes poèmes en volume montrent qu'il ne voulait pas pour autant trop choquer les lecteurs catholiques qui avaient goûté le charme un peu désuet de ses deux premiers recueils.

En tant que texte fondateur de l'œuvre d'un prix Nobel, *Les Mains jointes* méritent d'être lues. Ce n'est sans doute pas du meilleur Mauriac, mais on y trouve en herbe de nombreux traits caractéristiques de l'œuvre mûre de l'écrivain. Comme le dit Marc Quaghebeur : « la poésie mauriacienne, comme un havre perdu, sert de prémonition à toute l'œuvre dont elle constitue le puits celé[63] ». Grâce à la présente édition, ce « havre » deviendra peut-être un peu plus familier au lecteur. Elle lui permettra de redécouvrir l'édition originale qui plut tant à Barrès, de suivre les modifications qu'apporta Mauriac à son recueil au fil des ans et de le situer dans le contexte plus large de sa production en vers. Et si jamais une édition critique des œuvres poétiques de Mauriac devait voir le jour, j'espère que la reproduction de certains poèmes parus en revue facilitera le travail des chercheurs de l'avenir.

Remerciements

Je n'aurai jamais pu entreprendre ce travail sans avoir reçu l'aimable autorisation de Jean Mauriac de consulter les manuscrits de son père. Je le remercie de tout l'intérêt qu'il a bien voulu manifester pour mon projet. Je suis également reconnaissant aux autres ayants-droit de François Mauriac (Nathalie Dyer-Mauriac, Luce Le Ray Mauriac, Olivia Mauriac, et Anne Wiazemsky) qui m'ont autorisé à établir la présente édition. Mes recherches ont été largement facilitées grâce au

63 Quaghebeur, « Mauriac poète : interstices », p. 178.

généreux soutien financier de la British Academy et de la School of Modern Languages de l'Université d'Exeter — je les en remercie vivement. Parmi mes collègues mauriaciens, j'ai une dette de reconnaissance particulière envers Toby Garfitt et, surtout, John Flower dont les précieux conseils m'ont permis d'améliorer mon manuscrit. Aux Presses Universitaires d'Exeter, Simon Baker, ainsi que mes deux éditeurs et collègues David Cowling et Malcolm Cook, sont restés très compréhensifs malgré le temps qu'il m'a fallu pour mener à bien ce projet. Une autre collègue d'Exeter, Helen Vassallo, m'a évité un déplacement de dernière minute à Paris. Je tiens finalement à remercier le personnel des bibliothèques suivantes pour leur aide et conseils pratiques : la Bibliothèque littéraire Jacques Doucet et la Bibliothèque nationale à Paris, la Bibliothèque municipale de Bordeaux (surtout Mme de Bellaigue et son équipe du Service des fonds patrimoniaux), la Bibliothèque municipale de Limoges (surtout Pierre Campagne et Sylvie Pappalardo), la Taylor Institution à l'Université d'Oxford, et la Bibliothèque de l'Université d'Exeter.

Ce travail est dédié à Jeremy Bourne, mon premier professeur de littérature française.

LES MAINS JOINTES

A LA MÉMOIRE DE R. L.
1889–1909[1]

I

L'ÉCOLIER

L'ÉCOLIER[1]

Soirs de mois de Marie[2], étouffants de parfums,
Samedis d'autrefois. . . Pour aller à confesse
Les petits écoliers viennent l'un après l'un
Dans la chapelle douce et dans le jour qui baisse.

Dehors ce sont les cris stridents et les vols fous[3]
Des martinets se poursuivant dans l'azur pâle,
Et l'enfant que je fus[4] vient le dernier de tous
A la chapelle en fleurs dont l'arôme s'exhale[a].

Il vient, lui que la vie inquiète et repousse
Et qui veut du silence autour de sa tristesse,
Profiter pour pleurer de ce que le jour baisse,
Rêver sur ses péchés dans la chapelle douce. . .

Pourquoi pleurer ? — Il ne sait pas. Il veut pleurer
Comme René[5], dont il connaît les grandes plaintes.
Il se trouble dans le parfum évaporé[b]
Des fleurs qui vont mourir et des cires éteintes.

Dans cette âme exhalée et des fleurs et des cires,
Il sent intensément l'adorable présence
Du seul ami qui voit, sans jamais en sourire,
Couler les tendres pleurs de son adolescence.

C'est l'Ami qu'il suivait aux Fêtes-Dieu brûlantes,
Quand les foins hauts rendaient les sentiers plus étroits.
Et le soleil mettait des flammes sur les croix
Dans l'odeur de l'encens, de jonchée et de plantes.

La veille, on s'effarait autour du reposoir[6].
L'enfant portait avec grand soin les fleurs dorées[c],
Et l'on disait : « Seigneur, empêchez de pleuvoir. . . »
L'orage au loin grondait dans la lourde soirée.

Mon Dieu, c'est bien celui que des soirs anciens
Menaient vers Vous à la chapelle du collège[d]
Et dont l'âme captive et frêle en vos liens[e]
Était[f] blanche comme un paysage de neige. . .

A l'étude du soir quand le soleil décline
Et qu'on entend piailler les moineaux dans la cour,
Mon Dieu, c'est bien celui qui défaillait d'amour
En s'enchantant avec « le Lac » de Lamartine[7]. . .

Je sais encor[g] les vers qu'il aimait dans ses fièvres,
Il y traîne toujours comme un parfum de lys. . .
Peut-être ont-ils gardé cette douceur[h] des lèvres
De l'enfant que je fus qui les chantait jadis.

L'AME ANCIENNE

Ce soir j'évoquerai l'enfant déjà songeur
Au collège, avec son sérieux de bon élève,
Quand le calme goûter de quatre heures s'achève
Et que le soir troublant inquiète sa candeur.

Ame blanche d'enfant dont le rêve me reste[1],
Vous gardez en votre œil pensif qui se souvient
Les éblouissements des visions célestes
Dans la chapelle tiède, aux samedis anciens.

Vous que je porte au fond de moi comme un remords,
Qui pleurez doucement l'horreur de ma descente,
Témoin de mon passé — Vierge[a] toute-puissante
Qui pouvez me ressusciter d'entre les morts !

Je veux à vos côtés, loin des rires vainqueurs,
Dédaignant la jeunesse avec toutes ses gloires,
Je veux voir disparaître au fil des ondes noires
Ma grave adolescence et toutes ses ferveurs[b].

AMI D'ENFANCE

De la douceur du passé
Un enfant triste se lève
Il a les yeux pleins de rêve
Des vieux pastels[a] effacés.

Son regard qui se souvient
Sourit d'un pauvre sourire
Et toute la nuit l'attire
Vers moi qu'il reconnaît bien.

Ce crépuscule ressemble
Aux soirs anciens qu'il aimait.
Le même souffle embaumait[b],
Nos rêves chantaient ensemble.

Le vent de ce soir, le vent
Frôla jadis les mains lasses
Des petits garçons rêvant
Dans le sommeil lourd des classes.

Et notre enfance fluette
Pleure dans la vieille cour
Où sa tendresse inquiète[c]
Fut comme une aube d'amour[d].

GRANDES VACANCES

I[1]

Je vivrai désormais dans le vieux domaine[2]
Où les feuilles mortes feutrent les allées.
Avec mes anciens chagrins je m'y promène,
Et m'y souviens de mes peines consolées.

Le matin, je médite sous les ombrages
Les brûlantes lettres que l'abbé Perreyve[3]
Destinait aux jeunes gens ardents et sages,
Qui vivaient de sa tendresse et de son rêve.

Cette belle âme qui chantait dans la lumière,
Captive encor la mienne après tant d'années. . .
Mon Seigneur, combien j'ai perdu de journées
Sans faire le bien que je sais qu'il faut faire. . . !

Sur les coteaux, la brume tremblante[4] annonce
L'accablement d'une après-midi torride[5],
Une odeur de terre chaude sort des ronces,
Et la campagne au loin semble à jamais vide.

Lentement, j'erre au verger, l'âme pensive,
Écrasant des fruits échaudés où je passe.
Avant de travailler, je dis à voix basse
Les vers qui jasent en moi comme une eau vive.

Quand le soir me fait rêver devant la porte,
La joie avec le jour sur mon front se baisse.
Mon Dieu, vous voulez donc que je supporte
Ma solitude sans mourir de tristesse ?

Les coteaux sont des vagues d'ombre[a] immobiles[6]
Où toute rumeur se divinise et prie,
Mon Dieu, vous mettez sur mon âme tranquille
Un bonheur étonné d'être dans la vie.

II

J'aspire à la douceur d'automne, aux temps couverts.
Aujourd'hui le vent chaud soulève la poussière,
Des vagues de coteaux dorment dans la lumière[7].
La vie est devant moi comme un chemin désert[b].

Qui viendra me chercher dans[c] ce domaine obscur ?
Qui connaît la charmille où l'heure la plus chaude
Est douce — et le verger dont le sol est si dur
Qu'en leur chute il meurtrit les prunes reine-Claude[8d] ?

Des routes blanches vont vers les humbles villages
Et grimpant les coteaux se perdent dans le ciel.
Il monte un roulement atténué[e] d'orage
Avec des souffles lourds[f] pleins de fleurs et de miel.

L'herbe bruit d'une vie infinie et fleurit
Éclatante et chantante au soleil qui la brûle[g],
Et les bois altérés sont comme endoloris,
Tout ce qui souffre et vit rêve de crépuscule[h].

Je repose à l'abri des hommes mon cœur vide
Et[i] je suis comme mort pour ceux qui m'ont connu[j]
Dans l'allée oubliée et la charmille humide
Où je fus un petit garçon aux mollets nus.

III

Jour blême et cru par la fenêtre ouverte,
Bourdonnement des[k] mouches au plafond,
Dimanche triste et campagne déserte
Et jeux d'enfants dans le jardin profond. . .

Rien ne remue aux mornes horizons. . .
Chant d'un coq dans une ferme isolée,
Bruit du vent sur les feuilles de l'allée,
Silence lourd étreignant la maison[9]. . .

Regrets toujours là, comme une habitude,
Ma peine inconnue et qu'on n'aime pas,
Ma médiocrité dans la solitude,
Et la pauvre laideur de mon front las. . .

Travail à faire et que je ne fais pas,
Tristesse infinie où mon cœur se noie
Et vers trop connus murmurés tout bas,
Mort de tout espoir, deuil de toute joie. . .

IV[l]

La maison de campagne obscure sent
Les coings alignés[10] au fond des crédences,
Dehors c'est le silence assoupissant,
Et dans l'éblouissement des vacances

Les coteaux qui s'étirent de langueur,
Sous la lumière accablante et splendide.
C'est toute la vie offerte à mon cœur
Et qui s'étend comme une route vide.

Puisqu'en la lourdeur des grandes vacances,
Dans un vieux jardin plein de souvenirs[m],
Le cœur pleure seul, livré sans défense
A l'isolement dont il peut mourir,

C'est donc qu'à sa destinée, ô mon Dieu,
Ne se rattache aucune destinée
Et qu'il est seul comme un pauvre sans feu,
Au coin noir et froid d'une cheminée ?

VACANCES DE PÂQUES

Sous les feuilles en or de la saison dernière,
La terre est encor nue et se chauffe et s'oublie
Dans la brise attiédie et la neuve lumière.

Comme en un jour tranquille et chaud, les vagues lentes,
Le vent lourd de pollen a des voix assoupies
Dans les grands pins blessés, aux cimes[a] ondulantes[1].

Tout le printemps avec ses fleurs est en prière
Au reposoir qui n'est qu'une immense lumière :
C'est le recueillement de la Semaine Sainte.

Dans l'après-midi clair d'un paisible dimanche,
Le chant persiste encor d'une cloche qui tinte.
On plante le croquet autour des villas blanches.

Un paysan s'attarde au seuil de la cuisine.
Choc de maillet — éclats de rire des cousines —
C'est toute la douceur des anciennes vacances,

Les châles dans le soir, et la fraîcheur soudaine,
Le ruisseau qu'on entend dans le même silence
Et les sommeils d'enfants dont la maison est pleine,

Soirs d'hiver, où la lampe est douce, où le feu claque,
L'âme va préférer à vos veilles sereines
Les crépuscules lents des vacances de Pâques.

II

L'ÉTUDIANT

DÉPART

Je m'en vais simplement. — Ne tournez pas la tête[a].
Pas même un souvenir dans mon cœur sans lumière. . .
Pas même un nom pleuré le soir dans ma prière. . .
Seuls des lambeaux de vers, laissés par un poète. . .

Je ne chercherai pas dans le bruit de la ville
D'épaule où reposer ma morne lassitude,
Je sais depuis longtemps que c'est bien inutile.
Et que l'isolement devient une habitude,

Mais je t'évoquerai dans le deuil de ton châle
Lorsque tu souriais en retenant tes larmes,
O mère, à ton dernier enfant que tout désarme
Et qui n'a pu garder que ce sourire pâle[b]. . .

[L'ÉTUDIANT] I[1]

Je pense[a] à toi rêvant aussi dans une chambre,
Ce dimanche de paix et de mélancolie
Où traîne le ciel bas et fumeux de novembre[b]
Où se lamente un vieil orgue[c] de barbarie. . .

Tu rêves seul dans cette chambre d'étudiant
Où s'étiolait jadis, quelle autre destinée. . . ?
— Comme ils sont encor loin les jours du nouvel an ! —
La détresse envahit ton âme abandonnée[d].

L'Automne tiède, humide et gris est dans ta chambre.
Tu songes aux derniers beaux couchants de Septembre,
Tu songes au désert infini qu'est ta vie[e]
Quand un ami ne vient pas causer, vers le soir,
Et qu'on regarde peu à peu tomber le noir
En un vague rideau, d'un morne[f] ciel de suie
Au loin, sur l'horizon de toits brillants de pluie. . .

Mon Dieu, comme c'est long les fins d'après-midi !. . .
Il pleut. Voici la mort des beaux jours de l'année.
Ton cœur songe au jardin de son enfance et dit[g] :
Les roses sous cette eau seront vite fanées[h].

Tu souffres — n'ayant pas encore l'habitude
D'être seul en Novembre au ciel fumeux et bas. . .
Comment ne sens-tu pas que ma pensée est là ?
Que mon isolement cherche ta solitude ?

[L'ÉTUDIANT] II[i]

Je suis seul avec mon livre —
Ce ne m'est plus un tourment :
Accepter l'isolement,
C'est se résigner à vivre.

Dans notre cœur plein de nuit,
Qui jamais songe à descendre ?
Même l'ami le plus tendre
Ne me parle que de lui[j].

M'aime-t-on ? Est-ce que j'aime ?
Ai-je aimé ?. . . Je ne sais pas.
Je sais n'être jamais las
De m'attendrir sur moi-même.

[L'ÉTUDIANT] III

Mon pauvre cœur, voici la nuit qui se souvient
De vous — et qui, fidèle et grave à l'heure dite,
Est là toujours — noyant votre deuil dans le sien,
Comme une veuve chaque soir qui rentre au gîte
Où quelque enfant malade attend et se souvient. . .

Ah ! Comme elle a peiné pour l'enfant aux yeux creux
Qui le jour l'attendait dans la maison glacée !
Mais le jour s'est éteint. La douleur est passée,
Les prières du soir montent des toits neigeux,
Et consolé[k], l'enfant sourit à d'humbles jeux.

Ainsi descend vers toi, comme une sœur aînée —
Comme une mère lasse et pauvre[l], aux gestes doux,
Endormant son petit au creux de ses genoux,
La nuit pareille aux nuits de tes belles[m] années,
O ma jeunesse en pleurs, qui[n] ne t'es pas donnée !

[L'ÉTUDIANT] IV[o]

Ce soir je rêve sur mon livre
A ceux que j'ai quittés si vite.
On a si peu de jours à vivre
Ensemble — et pourtant l'on se quitte. . .

L'étudiant est bien inconnu,
Mais la chambre douce l'abrite,
Et pour qu'il n'y soit pas perdu
Elle se fait humble et petite.

Quand il est triste, elle est aussi
Triste et s'ouvre au lent crépuscule[p],
Le Silence paraît[q] assis
Dans l'ombre que le feu recule.

Grise et fanée, elle a le charme
Un peu suranné d'une aïeule[r].
Et puis n'est-elle pas la seule
A connaître certaines larmes ?

ÉVOCATION[1]

Je suis tout seul avec ma lampe dans la nuit.
Le sommeil gît dans la maison silencieuse —
Je suis tranquille et sans penser — la lampe luit
Et sa lueur a la douceur d'une veilleuse.

Je sens[a] mon cœur qui lentement palpite en moi
Et l'ombre baigne autour de moi la chambre close.
Mon cœur n'a plus le souvenir de son émoi.
Pacifié, dans l'ombre tiède, il se repose.

Pour une fois il va bénir sa solitude
Et se louer que les amis aient disparu.
Il va chercher dans un vieux livre autrefois lu
Les[b] voluptés de la pensée et de l'étude.

Et je revois les jours défunts[c] — temps révolus
Où plus subtil et plus fervent j'eus voulu[d] vivre. . .
Ces Messieurs de[e] Port-Royal quittant leur livre
Quand au clocher l'heure a sonné pour le salut

Où doit parler le vénéré Monsieur Singlin.
Les[f] nonnes sont au fond du chœur comme des âmes,
Et dans la nef, c'est la prière de Mesdames
De Longueville et Guéménée à leur déclin.

Messieurs Arnaud[g] et de Sacy sont à la suite,
Monsieur Hamon sur son missel est incliné[2],
De tous ces cœurs monte le cri passionné :
« Délivrez-nous, mon doux Seigneur, des Jésuites[h]. »

Dans sa chambre là-bas, que déjà l'ombre noie,
Pascal, en une extase où son corps ne vit plus,
Jette aux brises du soir avec des pleurs[i] de joie
Les cris d'amour de son « Mystère de Jésus[3] ».

III

L'AMI

[L'AMI] I[1]

Tu ne désires plus celle pour qui chantonne
Dans les cœurs de seize ans le premier vers d'amour.
Tu rêves d'un ami las de son cœur trop lourd,
Celui pour qui s'amasse en toi comme une automne
D'amitiés mortes et d'amours abandonnés.

Et fatigué de porter seul un cœur trop lourd,
Lourd de son abandon et de sa solitude,
Tu rêves d'un ami, celui qui n'est pas rude,
Et qui te viendra[a] voir à la chute du jour,
Un enfant simple et bon, aux regards étonnés. . .

Et qui te viendrait voir souvent à l'heure grise
Dans la chambre adoucie où l'octobre se meurt.
Écoutant le flot de détresse qui se brise
Et qui sanglote au long des plages de vos cœurs,
Tu connaîtrais enfin cette amitié voilée

Vers qui cheminent tant d'âmes inconsolées. . .

[L'AMI] II

Comme aux chapiteaux grecs le vol blanc des colombes,
Tes rêves ont frôlé la grâce athénienne :
En longue théorie, ils ont cherché les tombes[b]
De l'éphèbe pensif et de la lesbienne.

Mais l'antique Beauté qui s'effrite et qui tombe[c]
Déçoit le cœur[d] d'un infini qui le retienne.
Tu cherchas dans la tiède nuit[e] des catacombes
Le silence à genoux et la messe chrétienne,

O toi qui n'aimes plus que l'ombre[f] des chapelles[2],
L'extase illuminant d'humbles figures pâles,
Devant le seul ami qui soit toujours fidèle,

Et la procession des humbles[g] jupes noires
Vers l'hostie élevée au-dessus du ciboire
Dans le recueillement des messes matinales. . .

A UN APÔTRE

I[1a]

Quand tu leur dis : « Aimez Celui
Qui saigne en l'ombre des chapelles »,
Cet amour que ta voix appelle
Te frôle avant d'aller vers Lui.

Et tes pitiés sont infinies
Pour ceux dont les yeux sont voilés,
Le cœur plein de songes ailés,
L'esprit subtil — et tu renies

L'amitié de ces tout petits
Qui restent dans l'ombre où personne
Ne devine en ces[b] corps chétifs
Une âme immense qui frissonne.

Ils ont un très mince visage
Pâle avec des taches de son.
On ne sait pas quel est leur âge,
Nul ne connaît leur petit nom.

II[2c]

Ne va[d] plus t'attendrir
De la douceur des choses.
Aime les âmes closes
Et ce qui peut souffrir.

Telle âme est bien modeste
Et nul ne lui sourit,
Ne la cherche et ne dit
Quand elle passe : Reste[e].

Aucun amour fidèle[f]
Ne veille à son chevet.
Mais vois, c'est la margelle
Où Jésus vient rêver[3].

Au désert des allées
Et dans leur pauvre nuit
Il attire vers Lui
Les âmes oubliées.

LE VAINCU[1a]

Quand vous voyez passer dans l'air mouillé du soir
L'ami[b] connu jadis — l'ami d'autres années —
Qui se berce de vers au tombant des journées
Et qui n'a plus en lui le mirage et l'espoir,

Celui qui s'est assis sur le bord du chemin
En vous laissant[c] tout seul poursuivre votre route
Et depuis dans le froid du crépuscule écoute
Vos chants de gloire se mourant dans le lointain[d],

Songez à ce fardeau de faiblesse que porte
Sa petite âme vaine où chantonne toujours
Le refrain puéril et las des[e] vieux amours,
Son âme où traîne le parfum des choses mortes. . .

Son[f] âme, du devoir facilement distraite,
Qu'une voix, qu'un regard obsède et fait pleurer,
Et qu'au long de la route où ses pas vont errer
Le plus léger parfum de telle fleur arrête.

Lors laissant loin de vous la facile ironie,
La vaine cruauté du sourire voulu,
Vous la retrouverez cette âme et son génie,
Comme un vieux livre aimé jadis et souvent lu.

Et dans son jardin clos[g] voyant les feuilles mortes
Effacer devant vous la trace[h] des allées,
Et la rouille rongeant le fer des vieilles portes,
Et le lierre voilant les urnes écaillées,

Vous songerez : cette âme a devancé son heure,
Elle connut[i] trop tôt les brumes de l'automne.
A l'âge[j] où dans les cœurs un vol d'espoirs[k] frissonne
Elle est déçue, elle est isolée, elle pleure.

Et vous direz encore : il faut que vienne[l] l'heure
Où je dois être aussi l'être faible, qui fuit,
Qui s'asseoit[2] au revers de la route — et demeure
Seul, écoutant des pas se perdre dans la nuit.

Seul et rêvant qu'il est quelque part, sur la terre,
Un enfant comme moi qui pleure et tend les mains,
Un inconnu dont me sépare le mystère
De l'heure sombre[m] — et l'infini des grands chemins[n]. —

Alors ayant jeté[o] les yeux sur[p] votre frère,
Qui n'a plus comme vous la clarté d'un espoir,
Pour que votre pitié lui soit douce et légère,
Vous lui direz ces mots que l'on trouve le soir. . .

SOUVENIR

Je reviens, pour me souvenir, m'agenouiller
Devant le tableau vieux où souffre ton sourire,
Où tes yeux d'enfant triste ont[a] des lointains rouillés.

Il n'est pas ce portrait dont la langueur m'attire,
Il n'est pas sur les murs de la chambre où je dors,
Mais dans mon cœur où ton image pleure encor,

Petite âme de songe et pour toujours enfuie,
Tendresse qui m'enchantes et mets[b] du rêve en moi,
Malgré la route morne, et sous un ciel de suie.

Toi qui n'existes plus ou[c] qui n'es plus la même,
Près de qui je fus silencieux dans l'émoi
Des rêves partagés, l'hiver, à l'heure blême.

O crépuscules froids[d] sur les cours ennuyés,
Alors que ne cherchant pas même à t'égayer[e]
Je donnais[f] ma détresse à ta mélancolie !

Ce qu'a toujours aimé[g] depuis que tu n'es plus
Ma peine, c'est les yeux en larmes reconnus
D'une figure triste et qu'apeure la vie.

Mais dans la rue où vont d'obscures destinées,
Quand le ciel est si bas qu'il touche aux cheminées,
Elle n'a pas croisé d'ami qui la connaisse.

Lasse de rêver seule[h] en le jardin perdu
Où la détresse gît de ma vingtième année,
Cependant que s'étiole à jamais ma jeunesse,

Elle n'espère plus ton retour attendu[i]
Et songe que ta vie a traversé ma vie,
Petite âme de rêve et pour toujours enfuie.

LE DÉSERT[a]

Que votre âme ne soit pas étonnée
De voir en une brume de torpeur
La solitude morne de mon cœur
Quand vous serez sur ce cœur inclinée.

J'ai bien[b] peur que vous disiez en vous-même
Devant cet infini d'inhabité :
« Ce cœur vide n'est pas fait pour qu'on l'aime.
On voit bien qu'il ne l'a jamais été.

Ses vieilles larmes y sont dans les creux
Comme la pluie en la campagne grise[c]. . .
Et les rêves défunts sont là qui gisent
Sous le novembre d'un ciel douloureux.

C'est l'humble métairie au fond des bois
Que l'on visite une minute brève. . . »
Mais revenez-y quelquefois en rêve,
Mais songez à moi le soir quelquefois[d]. . .

TRAHISON[a]

Dans l'effacement des heures
L'eau ruisselle sur le toit.
Tu souris — est-ce pour moi ? —
Est-ce pour moi que tu pleures ?

Le dernier « Priez pour nous »
Comme un peu d'encens persiste.
Tes deux mains sur les genoux
Sont blanches dans l'heure triste.

Sur ces deux mains l'ombre tombe.
Mais je sens ton âme ailleurs.
Peut-être vers une tombe
Elle s'en va tout en pleurs. . . ?

Tu sens passer dans la brise
L'âme des soirs anciens.
D'autres baisers que les miens
Au fond de toi s'éternisent.

Un souvenir te reprend.
Tu ne sais plus que j'existe.
La chambre qui me voit triste
Est pleine de jour mourant[1].

VEILLÉES

I[1]

Je peux causer de longues heures
Dans la chambre close avec vous,
Mettre mon front sur vos genoux
Pour que légers vos doigts[a] l'effleurent.

Et vous aimez que je m'attarde
Le soir au coin de votre feu.
Mon œil inlassable regarde
Les tons fanés du camaïeu.

Nous disons des choses intimes :
Notre âme et ses regrets ténus,
Les espoirs qui nous sont venus,
Les tristesses qui nous oppriment.

II[2b]

Peut-être avons-nous[c] le martyre
En nous[d] d'une tendresse obscure[3] ?
Elle est violente mais pure.
On meurt de ne jamais la dire.

Peut-être aussi notre[e] âme pleure
De ne pleurer après personne,
De ne dire jamais. . . « C'est l'heure,
Il va venir. . . c'est lui qui sonne. . . »

Et l'été dans les nuits tranquilles
Où l'on sent les[f] peines errer,
Pensifs nous écoutons pleurer[g]
Ces flots de tendresse inutile[h] ?

III[4]

Laisse l'orgueil — Ne garde pas,
Mon petit, une âme hautaine.
Vivant, on t'ignore ici-bas ;
Mort, où sera ton ombre vaine ?

Dans le passé, que de passants
Ont vu comme nous cette grève !
Que de tristes adolescents
Ont fermé leurs yeux pleins de rêves !

Notre âme n'est qu'un paysage
D'automne pâle qu'ont frôlé
Comme des oiseaux de passage
Les rêves trop vite envolés[5]. . .

CHANSON[a]

C'est la prière du silence,
Le chant des rêves sur le toit,
Et c'est mon rêve à vous[b] qui pense[c]. . .

J'aime bien mieux que tes tristesses
Le souvenir que tu me laisses
Quand je ne suis plus près de toi.

C'est un peu de vent sous la porte. . .
Sur la route, un pas attardé. . .
Ah ! comme je t'aimerais morte !

Tu fais fuir avec ton sourire
Ce que mon rêve t'a prêté,

Avec ton sourire fardé
Et les mots qu'il ne faut pas dire !

CONTRITION

Je veille seul dans la demeure ensommeillée,
Je veille seul avec mon cœur triste à mourir,
La lampe assiste humble et fidèle à la veillée,
Comme un ami devant lequel on peut souffrir.

Mes yeux sont clos et se reposent de sourire,
Mes mains laissent glisser le livre à mes genoux,
Et mon enfance est là comme autrefois, pour dire
La prière du soir et le « Souvenez-vous ».

Mes lèvres ont goûté l'amertume des joies —
J'ai connu la détresse où la gaîté se noie,
Le désir et la peur de me mettre à genoux,
Et les larmes, au[a] creux des plus ardentes joies,
Du pauvre amour trompé que nous portons en nous :

Mais ce soir — évoquant la laideur de ma vie
Et la femme chantante et toujours poursuivie
Tant de nuits sans sommeil et leurs mauvais vouloirs
Qu'il[b] ne me reste plus que la peine — et l'envie
D'oublier tout, et la langueur des troubles soirs

Et la femme chantante et toujours poursuivie.

LE DERNIER SOIR[a]

Petite âme douce[1], il me faut quitter
Et fermer en moi tes yeux grands ouverts.
J'ai peur de fixer leurs horizons verts
Comme les lointains dans les soirs d'été[b].

Il me faut[c] laisser pour le grand devoir,
Petite âme douce, il me faut laisser.
Mais je veux encor — c'est le dernier soir[d] —
Évoquer[e] tes yeux au ciel du passé.

Une heure, oublieux de la cause austère
Pour tes yeux changeants, petite âme vaine,
Je veux m'abîmer[f] devant le mystère
De leur eau profonde, hélas ! et lointaine. . .

Après je serai[g] lâche et sans espoir,
Petite âme douce, à cause de toi.
Je dirai[h] que c'est une dure loi
De frissonner seul dans le froid du soir.

J'irai sangloter[i] au fond d'une église
Où tout reste meurt de tendresse humaine,
Et reviendrai[j] seul dans la brume grise
Triste comme toi, petite âme vaine. . .

IV

UNE RETRAITE

UNE RETRAITE[1a]

Ce matin est joyeux comme un matin de Pâques. —
Le vieux parc refleurit sous l'averse. Il a plu
Toute la nuit — et le ciel tremble[b] dans les flaques.

Las de tant d'amitiés et d'amour[c], j'ai voulu
Faire un peu de silence en mon âme inquiète.
Je vais l'interroger[d] dans le vieux parc rêveur
Que le vent fait chanter le soir, comme un poète,
Pour qu'elle entende mieux la voix de son Sauveur
Et soit — plus ardemment que jamais — sa Sujette[e].

I
LES LIVRES[1a]

Voici l'« Imitation de Jésus-Christ[2] », où gît
Tout mon passé d'enfant mystique et raisonnable.
Voici les vers du pauvre Verlaine assagi[3] —
Ces vers lourds des sanglots d'un amour ineffable. —
Pascal me va guider en la nuit de mon cœur
Vers des infinis[b] de misère et de grandeur[4c].

Et voici mon missel[d], dont j'ai lu chaque page[e]
Aux vêpres du Collège[f], en la lourde chaleur,
Avec des noms d'enfants sur de vieilles images
En ivoire, où l'on voit un calice et des fleurs.

On y lisait des[g] approbations d'évêque[h]
Et les prières pour la pluie et le beau temps
Aux vêpres du collège où l'on[i] s'endormait presque
Dans les dimanches clairs et lourds[j] d'anciens printemps[k]. . .

Et voici l'Évangile, enfin — inépuisable
Source où vient s'abreuver mon âme misérable,
Où je vous vois[l] rêvant aux margelles des puits
Prêchant sur la montagne et calmant la tempête[5],
Mon Seigneur et mon Dieu qui venez vers ma nuit
Et qui m'ouvrez vos bras afin que je m'y jette !

II
LA MESSE[1a]

La vie inquiète est là tout près qui me repousse.
Elle ne franchit pas le seuil du vieux jardin.
A l'autel brun et or, aux messes du matin,
On entend comme un froissement de choses douces. . .

La vie est là, mais[b] je ne crains pas son atteinte.
Le prêtre se retourne avec un geste lent,
Et dans le son aigu d'une[c] cloche qui tinte,
Il élève le Pain[d] lumineusement blanc

Qui[e] monte sur nos fronts comme un soleil levant,
Au vol silencieux[f] des anges invisibles[g].
La chapelle cirée est nette au jour paisible
Et pleine de l'abaissement du Dieu vivant[h]. . .

III
L'EXAMEN PARTICULIER[1a]

Dans la prairie, au long des minces peupliers,
Je marche lentement, la tête un peu baissée,
Et craignant que s'égare au hasard ma pensée,
Je m'isole pour l'examen particulier.

Cependant que la voix doucement importune
D'un jeune homme qui fait tout haut ses oraisons
Monte sous[b] la verdeur des jeunes frondaisons,
Mon âme est une trouble et profonde lagune
Où je jette la[c] sonde et cherche les bas-fonds.

Mon Dieu, sous le pardon de votre ciel, ce soir
Je découvre humblement le fardeau de misère
Que je portais au fond de moi, sans le savoir,
Dans l'ingénuité de mon âme légère. . .

Si légère, qu'au long des jours et des années
Elle a toujours cherché le tumulte et le bruit,
Redoutant plus que tout ce silence des nuits
Qui nous met face à face avec la destinée. . .

Dans l'allée ondulante et unie à souhait
Pour que l'on y médite un à un les mystères,
Je croise des amis souriant de se taire
Et de me saluer d'un petit geste austère. . .

Je songe à tout le bien que mon âme eût pu faire
A l'âme rencontrée et qu'elle n'a pas fait[d].

Je songe que de Vous[e], ô mon Dieu, séparé
J'aimai les vieux pastels, les fleurs, les livres[f] rares,
L'étoffe douce où longuement les doigts[g] s'égarent[h]
Et fus triste — goûtant le bonheur[i] de pleurer[2j]. . .

On ne me vit jamais errer[k] sur les chemins
Où la foule s'épand — fleuve mélancolique[l] ; —
Avec les vers en moi chantant, et la musique,
J'étouffais les appels et les sanglots humains.

Mais, prodige d'amour, de pardon et de grâce !
Vous n'avez pas voulu que mon cœur fût[m] banni[n]
Du banquet nuptial[3] — ô pitié jamais lasse ! —
Et remède infini près du mal infini,
Si grand que soit ce[o] mal, votre amour le dépasse.

Je retourne à la vie, ardent, joyeux et fort,
Le cœur pacifié, l'âme encore éblouie,
Comme l'apôtre au soir des visions inouïes
Et qui silencieux descendait du Thabor[4].

Comme ceux-là qui sur le chemin d'Emmaüs,
A cette heure où la nuit est à venir si lente,
Sentaient, dans la douceur du soir, leur âme ardente
Cependant que vous leur parliez — Seigneur Jésus[5p].

29 avril–2 mai 1909[q].

LE SENS DE LA VIE[1]

I

Le vent doux se parfume aux feuillages légers,
La nuit dans tous les yeux semble avoir mis un rêve,
Voici que l'heure triste est venue et soulève
Au fond des cœurs le vol des amours sans objet.

Ne dites plus : « Que faire, hélas ! de tant d'amours ?
Pour leurs soifs, ici-bas, quelle citerne existe ? »
Regardez seulement passer la foule triste
Qui s'écoule à pas lents vers les lointains faubourgs.

Dans les[a] yeux éblouis, toute leur âme luit
Et levant leurs fronts las au vent qui les effleure
Ils vont silencieux en la clémente nuit
Obscurément troublés par la beauté de l'heure.

C'est vers ceux-là qu'il faut aller, c'est vers ceux-là
Que peut troubler encor un ciel de nuit sereine,
Que le monde égoïste et méchant exila
Dans les faubourgs, très loin de toute joie humaine,

Vers ceux-là qui n'ont pas un instant pour penser,
Tant l'esclavage est dur de leur travail sans gloire !
Vers cet obscur troupeau d'hommes qui vont passer
N'ayant jamais un vers qui chante en leur mémoire !

II

Mais comment résister à l'appel de la femme
Et ne se pas soumettre à l'éternel désir ?
Comment rester l'enfant grave qui doit sentir
Les lys blancs frissonner au jardin de son âme ?

Comment aller de seuil en seuil et recevoir
En échange de la vérité qu'on y porte
L'injure du méchant qui referme sa porte
Et pleurer sans amour quand on revient le soir ?

La force est dans Celui qui t'attend à jamais
Au chœur silencieux des chapelles obscures
Où pour le troupeau las des hommes affamés
Il réserve le sang de toutes ses blessures,

Celui que tous — malgré la faiblesse et le doute —
Alors que nous songions, les yeux au ciel lointain,
A l'amour appelé, rêvé, jamais atteint,
Et que la vie était pour nous une déroute,

Celui que dans le Rêve d'un soir nous avons
Croisé sur le chemin de nos âmes lassées. . .
Que d'amour ! Quel oubli des vieilles trahisons
Dans le geste infini de ses deux mains blessées !

Dans sa voix passionnée et qui si tendre insiste :
« Si tu veux avoir part à mon Royaume, va
Vers le plus humble des petits — et le plus triste.
Donne-lui tout l'amour que son âme rêva.

Pleure de joie aux pieds blessés de ton Sauveur,
Ne cherche plus : c'est Lui, la Justice infinie.
Ne crains plus : Il pardonne en sa longue agonie
Aux foules qui l'ont mis en croix — et dont il meurt ! »

LES SABLES[1]

Tout ce que le travail inlassable du temps
Accumule en nos cœurs de poussière ténue,
De vanités et de soucis inconsistants,

Comme s'ajoute au bord des vagues en sanglots
Un infini de sable à l'infini des flots,
Forme aussi dans mon cœur la dune aride et nue.

Mais il pleure derrière une mer inconnue[a],
Une mer dont les eaux lourdes et désolées
Par des barques jamais n'ont[b] été violées.

Et moi-même roulé dans la médiocre vie,
Amenuisé par le frottement quotidien,
Je m'amuse d'un mot et je ne sais plus bien

La route en moi qui va vers la mer infinie

Et comme en la tiédeur des juins épandue,
Quand le calme de l'heure est sur les métairies,
Un vieux berger dans le silence des prairies
Entend pleurer[c] la mer que jamais il n'a vue,

De même en le miracle aussi de certains soirs,
Le chœur en moi se tait des voix quotidiennes
Et j'entends sangloter les plaintes surhumaines
De ces flots oubliés que je ne vais plus voir !

LE DÉSASTRE[1]

D'un vol silencieux les prières du soir
Montent des toits penchés et bénissent l'espace.
Vous le savez, pauvre âme, — et qu'il faut recevoir
Chaque nuit qui descend du ciel, comme une grâce.

Dans vos jardins abandonnés où tout est noir,
Au sang des pieds blessés il faut chercher la trace
Du chemineau[a] divin qui n'y va plus s'asseoir
Et pleurer longuement à cette même place.

Afin que se découvre en vous la Vérité,
Le calme[b] crépuscule où s'éveillent les astres
Semble[c] se recueillir au seuil des nuits d'été. . .

Mais craignant plus que tout le silence du soir,
L'âme ferme les yeux afin de ne pas voir
Au fond de soi l'horreur d'un infini désastre.

LA PÉCHERESSE[a]

I

A tous s'abandonnant, silencieuse et pâmée
Elle ferme les yeux sous les baisers — rêvant
Que sur sa chair, la chair des lèvres bien-aimées
S'écrase désirable[b] ainsi qu'un fruit vivant.

Elle se donne à tous : aux cœurs pleins de néant,
Aux âmes sans amour — de tendresse affamées
Muette — jusqu'au soir où l'idéal Passant
Viendra rompre le sceau de ses lèvres fermées :

« En vain je me tendais — docile et fleur offerte :
Vous n'êtes pas venu malgré la porte ouverte
Et ma lampe qu'on voit de loin, comme une étoile.

Mes yeux ne savaient plus vous guetter sous leur voile
De larmes. . . je n'espérais plus votre venue
Et je défaille au seuil de la joie inconnue. »

II

O morne route, hélas ! que sans vous j'ai suivie
En souriant à ceux qui pouvaient être vous,
Froide sous leurs baisers, sans joie et sans envie,
Car c'était vous que je cherchais à travers tous.

Pourtant voici vos mains sur ma face flétrie,
Le poids de votre tête au creux de mes genoux.
Le ciel des nuits d'été rêve au-dessus de nous
Et met dans vos baisers le pardon de ma vie.

Les souvenirs en moi passent comme des hordes,
Et les lourds assouvissements des nuits brutales
Et les rudes baisers mordant mes lèvres pâles.

Mais l'ineffable voix du Sauveur m'a nommée
Pour ouvrir l'infini de ses miséricordes
A l'âme triste et qu'on n'a pas beaucoup aimée.

FAIBLESSE

L'âme pleure d'être inconnue. Elle s'étonne
Qu'on passe indifférent à ses yeux de langueur.
Elle ne songe pas qu'il est d'autres automnes
Tristes comme le sien, au fond de tous les cœurs.

Elle voit seulement les larmes qu'elle pleure
Et pense qu'il n'est pas au monde d'autre nuit
Que celle appesantie au toit de sa demeure
Et que les autres ont le bonheur qui la fuit.

Lasse de s'émouvoir à la douceur[a] des voix
Du passé[b] qu'elle aimait jadis à reconnaître[c],
L'âme[d] regarde un peu ses larmes d'autrefois
Sans plus se rappeler ce qui les a fait naître.

Elle n'éveille plus le bon désir[e] de vivre,
Ni même[f] de trouver un soir les yeux élus ;
Stupide et les yeux clos[g], elle ne cherche plus
Celle qu'il faut aimer ni celui qu'il faut suivre.

L'IMMUABLE

L'âme a voulu ce soir bien clore sa demeure,
Car elle n'ose pas pleurer quand on la voit.
L'âme veille[a] dans la chanson d'anciennes heures[b],
Comme la vierge[c] veille[d] en écoutant ses[e] voix.

Au bord des calmes flots, du passé, sur la grève,
Avec le vent du large elle écoute monter
La voix de ses sanglots dans les mornes étés,
Quand sa quinzième année avait des yeux de rêve.

Et le même chagrin qui dans les tièdes nuits
Faisait jadis pleurer cette âme inconsolée
Est là toujours — comme une même étoile luit
Douce indéfiniment[f] au ciel d'une vallée.

Et sur l'âme[g] s'étend le même ciel couvert,
Et l'ombre s'éternise[h] encor des crépuscules
D'autrefois, qui mouillaient les prés que juillet brûle
A l'heure où l'âme était songeuse[i] au[j] parc désert.

La chercheuse de joie aux buissons du chemin
Que toute illusion trouve faible et crédule,
C'est l'âme de ce soir, d'hier[k] et de demain[l] :
Elle se reconnaît dans les vieux crépuscules.

L'INCONNU

Derrière la fenêtre où l'âme l'a[a] placée,
La lampe douce[b] éclaire, afin que sa lueur
Guide vers la maison le triste[c] voyageur
Sans amour et sans feu, par cette nuit glacée.

Le malheureux s'arrête au seuil de la maison
Vers qui cette lueur comme un amour l'attire.
Mais sans même donner l'aumône d'un sourire,
A l'heure du départ, il ne dit pas son nom.

Pourtant voici que l'hôte à jamais délaissé
Va trouver son salaire, et qui lui peut suffire.
Le passant laisse en l'âme où triste il est passé[d]
Quelque chose de plus qu'un nom et qu'un sourire.

Ce n'est qu'un souvenir, d'abord frêle et ténu,
Mais le temps en fera la douceur infinie,
Et l'âme reverra jusqu'en son[e] agonie
Luire ineffablement les yeux de l'inconnu.

L'ILLUSION

L'âme passe au milieu des âmes inconnues.
Mystérieuse et souriante, elle est passée.
Nulle n'a deviné sa secrète pensée
Ni ses larmes d'orgueil à peine contenues.

A cette âme il ne faut[a] qu'un sourire contraint
Pour voiler la détresse lourde qui l'habite,
Mais ce soir elle rêve en la douceur[b] du gîte.
La lampe est allumée et le feu s'est éteint.

Souvent elle a béni l'heure où l'on parle bas,
La porte toujours close et la route déserte.
Mais ce soir elle attend celui qui ne vient pas,
Comme, dans la campagne, une humble église ouverte.

La chambre dans la nuit et le rêve se noie.
C'est le bannissement du trouble[c] souvenir,
La bonne volonté d'avoir un peu de joie
Et c'est l'heure de foi dans ce qui peut venir.

Car des pas vont fouler le sable de l'allée,
Des mains vont lentement soulever le heurtoir.
La porte s'ouvre. . . Il entre avec le vent du soir
Toute la tiède nuit dans l'âme consolée.

Elle sait que le vent fit la porte s'ouvrir
Et qu'il est seul le[d] soir à pleurer sur les routes,
Qu'aucune âme[e] ne songe à l'aider à souffrir,
Non pas même, ô mon Dieu, la plus humble de toutes. . .

Mais l'âme, résignée à l'oubli, peut attendre,
Car sur le seuil désert elle veille en rêvant,
Et dans la chambre s'est glissée avec le vent
La bonne illusion qui ranime les cendres.

LA PEINE

L'âme songe ce soir à la[a] quinzième année,
Quand sa jeunesse avait cet orgueil d'être triste.
Elle sent bien qu'en soi la même peine existe.
Mais c'est une humble amie un peu abandonnée[b] :
Du juvénile[c] orgueil presque rien ne persiste.

C'est la peine qu'on n'aime plus, qu'on désavoue ;
Comme un pauvre honteux qui vous suit dans la rue,
Elle réclame en vain l'amitié disparue[d].
Mais une trace est là de larme sur la joue,
Et quelque ami, venant le soir, l'a reconnue. . .

Vieille[e] peine obsédant l'âme qui rougit d'elle,
Servante[f] résignée au dédain, elle pense
Doucement à la nuit qui vient dans le silence
Où l'âme va[g] pleurer comme une enfant rebelle
Au creux de son épaule accueillante et fidèle[1].

A LA MÉMOIRE DE R. L.[1]

I[a]

J'ai revu le visage usé mais doux encor
De celle-là qui fut ta mère, ô pauvre mort,
Et son baiser cherchait sur ma face inclinée
L'ineffable douceur de ta vingtième année. . .
Les autres oublieront ton sourire et ta vie
Et l'angoisse du soir où[b] ton œil se voila.
Elle seule, des nuits et des nuits, veillera[c],
Pour mieux se rappeler tes heures d'agonie.
Et plus tard, quand bien vieille elle écoutera rire
Tous ses petits-enfants autour de son fauteuil,
Elle demeurera pensive et sans rien dire,
Le cœur triste à jamais, le front toujours en deuil,
Évoquant ta jeunesse ardente, pieuse et douce,
Ton existence calme, unie et sans secousses
Jusqu'au dimanche de juin où tu mourus,
Et redisant ton nom qu'on ne connaîtra plus. . .

II[d]

Soirs d'été. Nous étions assis sur la terrasse,
L'âme pacifiée, inoccupée et lasse.
Nous parlions vaguement de l'homme et de la vie
Devant la plaine d'ombre et le ciel confondus,
En regardant au loin des lueurs d'incendie,
Du côté de la lande et des pays perdus.
Parfois dans le silence on entendait l'orage.
Inquiet, je disais : « Il y a du danger. . . »
Des éclairs de chaleur à l'horizon chargé
S'étiraient comme au ciel des très vieilles images.
Et l'on voyait pleuvoir sur les coteaux obscurs
Et la pluie arriver de loin et tiède sur
Le jardin secoué par un vent de tempête,
Et nous fuyions avec nos vestes sur la tête.
Dans la chambre du pavillon, je te lisais
Des vers que tu jugeais merveilleux pour me plaire.
Puis les parfums flottaient des massifs arrosés.
Le jardin rafraîchi s'ouvrait à la nuit claire,
Et sur les prés brûlés dans[e] la torpeur du jour
L'orage était passé comme un immense amour.
Une odeur de mouillé venait des terres molles[2],
Et ton bras doucement pesait[f] sur mon épaule.

Or le même jardin est là devant mes yeux,
La vieille cour étroite où nous plantions le jeu
De croquet, le dimanche, à l'heure des visites
Ce parc abandonné[3], ton image l'habite,
Tes grands rires et tes histoires de pension
Et tes appels au chien[g] traînent dans le silence,
Et je revois sur tous les bancs où nous causions
Ma jeunesse sourire à ton adolescence. . .

Mon Dieu, Vous avez pris cet enfant plein de foi
Qui mêlait votre nom à ses cris d'agonie,
Et son âme Vous fut si tendrement unie
Que souvent, le cœur lourd d'un ineffable émoi,
Je le retrouve en Vous qui Vous donnez à moi. . .

Juillet–août 1909.

AUTRES POÈMES
(1905–1923)

[CONFIDENCES][1]

I[a]

Vous qui, le soir, allez au hasard. . . devant vous,
A l'heure où la pensée ici-bas est moins vile,
Quand avec le parfum des vents lointains et doux,
L'âme des bois voltige, on dirait, sur la ville. . .

— La paix descend sur vous[b] des feuillages légers ;
La nuit dans tous les yeux semble avoir mis un rêve —
Voici que l'heure bleue[c] est venue et soulève
En votre cœur le flot des amours sans objets. . .

Ne dites plus : « Que faire, hélas ! de tant d'amours ? »
Pour leurs soifs, ici-bas, quelle citerne existe ?
Regardez seulement passer la foule triste
Qui s'écoule à pas lents vers les lointains faubourgs. . .

Leur front las se relève au vent qui les effleure ;
Dans leurs yeux adoucis, toute leur âme luit. . .
Ils vont silencieux en la clémente nuit,
Obscurément troublés par la beauté de l'heure. . .

II

C'est vers ceux-là qu'il faut aller. . . c'est vers ceux-là
Que peut troubler encore un ciel de nuit sereine
Que le monde égoïste et méchant exila
Dans les faubourgs. . . bien[d] loin de toute joie humaine,

Vers ceux-là qui n'ont pas un instant pour penser,
Tant l'esclavage est dur de leur travail sans gloire,
Vers cet obscur troupeau d'hommes qui vont passer,
N'ayant jamais un vers qui chante[e] en leur mémoire !

Il faut aller vers eux avec amour. . . Abjure
Tes préjugés mesquins et ton absurde orgueil ;
Tu vas briser tout ce vieux monde et sa loi dure,
Car l'amour infini s'est assis sur ton seuil. . .

En aidant le pêcheur à tirer son filet,
Tu lui révéleras la vie intérieure,
La fierté d'être un homme et de savoir qu'il[f] l'est
Et l'avenir lointain d'une cité meilleure.

III

Pauvre âme, tu te sens des soifs d'apostolat ;
Mais voici que la peur, les voluptés du monde,
Les lâchetés du cœur et des sens. . . tout cela
T'empêchera de moissonner la moisson blonde.

Comment aller de seuil en seuil, et recevoir
En échange de la Vérité qu'on y porte
L'injure du méchant qui referme sa porte
Et pleurer sans amis[g] quand on revient, le soir ?

Et comment rester sourd à l'appel de la femme
Et ne se pas soumettre à l'éternel désir[2] ?
Comment rester l'enfant grave qui doit sentir
Les lys blancs frissonner au jardin de son âme ?

Comment marcher tout seul dans l'ignoble huée
Du monde injurieux qui ne comprendra pas ?
Lever au ciel des yeux fascinés par l'Idée,
Sans les baisser jamais vers les fleurs d'ici-bas[h] ?

IV[3]

C'est Celui qui l'attend sans se lasser jamais
Dans l'apaisante nuit des chapelles obscures,
Où pour les cœurs humains, éternels affamés,
Il réserve le sang de toutes ses blessures.

C'est Jésus, l'Apaiseur divin de toute haine
Qui mettra dans ton cœur l'amour des malheureux
Comme Lui, tu traverseras la foule humaine
En ayant des bourreaux, mais en priant pour eux.

Pleure d'amour. . . Ne doute plus !. . . C'est le Sauveur.
Ne cherche plus : c'est Lui, la Justice infinie ;
Ne crains plus, Il pardonne en sa longue agonie
Aux foules qui L'ont mis en croix. . . et dont il meurt[i].

V[4]

Un soir, j'allais. La nuit en moi descendait toute. . .
De mystiques rayons tombaient d'un ciel lointain. . .
Je songeais à l'amour rêvé, jamais atteint,
Et que pour moi la vie était une déroute.

Or, en suivant, paisible et triste, mon chemin,
Je rencontrai Jésus au tournant de la route ;
Son regard infini fit s'envoler mon doute
Et j'allai vers la foule en Lui donnant la main. . .

Il me disait : « C'est moi, Jésus, qui seul existe ;
Si tu veux avoir part à mon royaume, va
Vers le plus humble des petits et le plus triste,
Porte-lui tout l'amour que son âme rêva.

Je te voyais aller, seul, dans tes désespoirs,
Comme un oiseau traînant ses deux ailes brisées,
Mais je te veux donner la douceur de mes soirs
Et ma divine paix sera dans tes pensées. »

VI[5]

Ma voix ne vibre plus dans les sanglots du monde,
Et je sors de ma nuit pour voler vers ton jour ;
Ma tristesse, ô Jésus, s'abîme en ton amour,
Comme une frêle épave en l'eau claire et profonde. . .

Je vais mourir, n'étant ici-bas qu'un passant,
Mais tu m'as fait semer la graine rédemptrice,
Et j'ai le temps de voir une aube de justice
Se lever sur notre vieux monde agonisant !. . .

INTELLECTUELS[1]

I

On ne les voit jamais qui suivent les chemins
Où la foule, en troupeau, passe mélancolique ;
Avec les vers en eux chantant, et la musique,
Ils étouffent les cris et les sanglots humains.

Ils vont, fermant les yeux aux tristes visions,
Et poètes, bercés par la langueur des strophes
Ce sont aussi de doux et subtils philosophes
Pour qui tous les amours sont des illusions.

L'été, dans la tiédeur des nuits, ils vont errer. . .
Ils aiment les bijoux, les fleurs, les saxes rares,
L'étoffe précieuse où leurs doigts longs[a] s'égarent
Mais sont tristes — goûtant la douceur de pleurer.

Ils ont mené le vol de leur rêve flottant
Au chœur d'ombre qu'éclaire une lampe lointaine,
Vers cette exquisité du Jésus de Rostand
Qui dit des vers fleuris à la Samaritaine[2]. . .

II

Or, petit ouvrier des villes, tu les vois,
Toi pour qui l'existence, hélas ! n'est pas légère,
Passer à tes côtés avec des fleurs aux doigts
Devant tes yeux souffrants et devant ta misère. . .

Les dilettantes fins et chercheurs de l'exquis
Lisant de tendres vers avec des âmes dures,
Et dont aucun regard de leurs yeux alanguis
Ne s'abaisse amoureusement sur tes blessures. . .

Ce n'est pas en voyant les pleurs des malheureux
Que l'humaine pitié dans leur âme tressaille
Et ton corps accablé leur est moins douloureux
Qu'un ciel triste d'automne où la lueur défaille.

O petit ouvrier aux mains faibles, mon frère,
Dans le sombre atelier tant de jours enfermé,
Regarde-les passer sans haine et sans colère
Tous ceux-là dont les cœurs ne surent pas aimer[3].

Ils sont plus malheureux que toi. . . car ton cœur sait
La tendresse qui coule à flots de l'Évangile,
Et plus abandonnés[b], toi dont l'âme fragile
Fut recueillie un soir par Jésus qui passait. . .

L'ABANDON[1]

I

Quelquefois, le soir, je m'attarde
En le crépuscule éternel
De quelque église où, sur l'autel,
La vierge — blanche — me regarde.

Un grand souffle d'amour divin
Fait frissonner mon âme triste,
Et je songe que tout est vain
Hors Lui, Jésus, qui seul existe. . .

Mon cœur qui pleure et se repent
Comme un flot vers Lui se soulève.
Je sors. . . La nuit auguste épand
Tous ses parfums et tous ses rêves.

II

A l'heure du matin livide,
Où gît mon ancien espoir ?
Tout ce que j'ai rêvé le soir
S'en va, laissant le cœur plus vide.

Et ce cœur est un paysage
D'automne pâle, qu'ont frôlé
Comme des oiseaux de passage
Les rêves trop vite envolés. . .

C'est une église où nul ne prie,
Où l'or des cierges s'est éteint.
Le ciel me semble si lointain
Et si fermé que je l'oublie.

III

Je dis alors : « O Raboni[2],
Vous n'ouvrez plus jamais[a] ma porte. . . »
Il m'a[b] dit : « Pauvre âme supporte
L'abandon du Gethsémani[3]. »

Il ne faut pas que tu l'éludes
Ce chagrin — de tous le plus lourd —
A l'épreuve des solitudes
J'ai voulu mettre ton amour.

Et tu te crois seul comme ceux
Qui d'Emmaüs suivaient la route
Dans le soir gris. . . l'âme en déroute. . .
Alors que Je marchais près d'eux[4]. . .

LA MADDALENA DE G. BELLINI[1]

Croise les[a] mains sur ton cœur et sur ton amour.
Marche, les yeux baissés, — Ne voyant d'autre face
Que Celle dont la paix est en toi, pour toujours.

Sereine, indifférente au sourire qui passe,
A l'appel décevant du pauvre amour humain,
Sur ton cœur et sur ton amour, croise les mains.

Et que chacun, devant la ferveur contenue
D'un geste qui retient la plus sublime ardeur,
Pense à l'Etre Infini qui déborde ton cœur.

En voyant, sur ce cœur, la croix de tes mains nues. . .

Venise, octobre 1910.

NOCTURNE[1]

C'est encor la jeunesse et pourtant je m'étonne
De moins souffrir des soirs où ne viendra personne.
Je me regarde, au fond de la glace, sourire.
Si mon ami entrait, que saurais-je lui dire ?
Car l'âme flotte des cigarettes fumées
Et m'entoure les yeux de formes bien-aimées.
Car ton amour pour moi veille au loin, et j'y pense.
Cœur d'ombre, âme nocturne et pleine de silence
D'autres m'ont trop blessé pour qu'un jour je te blesse.
Avec plus de tristesse, avec moins de jeunesse,
Mais d'un cœur qui se sent désormais immobile,
Je suis toujours celui d'avant que tu ne viennes
Qui reconnaît le fleuve courbe de sa ville
Et sa maison des champs aux muettes persiennes.

Je ne veux plus que vous et vous demeurez seule
Au domaine argileux où la lune s'égoutte,
Au milieu de ce soir plein de l'encens des meules ;
L'eau reflète dans les ornières de la route
Le calme du jardin et de votre visage.
Sur ce banc, un enfant ne tourne plus les pages
D'un livre encore ouvert malgré la nuit venue.
C'est une âme parmi celles que j'ai connues,
Un ami mort peut-être, ou mon frère, ou moi-même.
Comment me distinguer de tous ceux-là que j'aime ?
Ne cherchez pas son nom ; les âmes en allées
Au fond de mon passé se sont toutes mêlées
Et nos voix ne font plus qu'une seule musique.
Il faut me pardonner si souvent je m'arrête,
Et détournant de vous un visage extatique,
J'écoute ces rumeurs que le passé me jette. . .

Pour venir jusqu'à vous, j'ai fait la traversée
Des jours de ma jeunesse en tempêtes féconde,
Je vous tendais une[a] âme amoureuse et blessée.
Parmi les goëlands, j'ai marché sur les ondes,
J'ai marché sur les eaux comme un disciple indigne,
Vers vous qui m'appeliez et me faisiez des signes.
Parfois j'ai perdu cœur au cœur de la tempête.

Les larmes, les embruns aveuglaient ma figure.
Comme un vaisseau perdu, sans voile ni mâture,
J'ai désiré sombrer dans les cris des mouettes.
Amie, il fut des soirs où, détaché du monde,
J'ai désiré mourir, moi qui souris encore,
Comme les bien-aimés dont le souvenir gronde
Au fond de notre cœur attentif et l'implore
— Comme les bien-aimés qui n'ont pas voulu vivre.
Je me penchais sur eux, pris de vertige, et ivre
Du sommeil de la mort et de la nuit sans aube.
Mais te voilà. Devant la maison encor close
J'oublierai les lilas d'autrefois et les roses[2]
Dont l'odeur douce au fond de mes jours se dérobe,
Et m'évoque des noms qu'il ne faut plus entendre.
La vieille cour est pleine d'ombre — et la terrasse
Est la même où l'enfant s'asseyait pour t'attendre,
Avec le soleil d'août ruisselant sur sa face.
Accueille-moi, cœur d'ombre où tout péché s'efface !
Ton amour me devient un crépuscule calme.
Le clair de lune pèse aux immobiles palmes.
Tu t'étonnes du ciel liquide[b] et de ses signes.
Les dos sombres des bœufs vont émerger des vignes[3].
Et le bouvier adolescent qui les ramène
Et dresse vers la nuit sa pure forme humaine,
Celui dont le soleil a pris la chair pour cible,
Sentira sur ses yeux ton sourire invisible !

ÉLÉGIE[1]

I[2]

Aux jours où la chaleur arrêtait toute vie,
Quand le soleil, sur les labours exténués[3],
Pressait contre son cœur le vignoble muet, —
Quand les faucheurs, comme une[a] armée anéantie,
Étendaient sur le sol leurs bras crucifiés[4b], —
Seul, debout, en ces jours de feu et de poussière,
En face du sommeil accablé de la terre,
De toutes les douleurs dont j'ignorais le nombre[c],
Je cherchais votre cœur comme je cherchais l'ombre[5].

II[6]

Le temps est revenu de la lumière chaude,
Je vous possède enfin — chère âme au ciel couvert.
Elle sera moins sombre à vos doigts, l'émeraude
Que je vous ai donnée, un soir du triste hiver[d].
La mystérieuse eau de cette étrange Pierre[e]
Ne recèle plus rien des regards que j'ai fuis
Et je n'appelle plus, du fond de mes ennuis,
O visage souffrant de mon amour dernière,
Que ta douceur mêlée à celle de la nuit.

III

Soirs devant le perron où l'on entend son cœur,
Où, goûtant cette paix de n'avoir rien à dire,
Vous êtes une enfant nerveuse qui s'étire
Et n'ose plus s'asseoir dans le jardin, de peur
Qu'une chauve-souris à ses cheveux s'accroche.
Déjà, c'est la saison où l'herbe que l'on fauche
Reste sur la prairie et parfume le soir,
Le temps des éclairs brefs fendant l'horizon noir,
Quand les faneurs et les faneuses se bousculent
Autour des bœufs pétrifiés, des sombres meules,
Quand les feuilles ne bougent plus, au crépuscule.
Peut-être ferez-vous ce qu'ont fait les aïeules
Qui ramassaient le foin avec les paysans —
Et comme elles, dans un grand silence angoissant,
D'un cœur de paysanne avisée, humble et sage,
Guetterez-vous au loin des roulements d'orage. . .

IV

O mon enfant venue au temps où les soirées
Sont mortelles au cœur moins jeune pour souffrir
— Où la chair est si faible en face du désir
Et le passé si lourd des amitiés pleurées. . .
O mon enfant venue à l'heure où le cœur n'ose
S'arracher tout entier à ses bonheurs perdus,

Et pleure, en respirant l'odeur d'anciennes roses,
Ceux qui ne sont pas morts et qu'il ne verra plus
— Quand mon rire emplissait de claires matinées,
Je savais moins aimer, quand j'étais moins amer.
Aujourd'hui, je resonge aux fautes pardonnées,
Et mes yeux, dites-vous, ont le goût de la mer[7]. . .

V

Vous sommeillez parmi les livres des poètes
— Ceux qui m'ont consolé quand vous n'étiez pas là.
Une larme, sur votre face sans éclat,
A roulé lentement vers vos lèvres muettes ;
Vous avez tant prié que ces lèvres encor,
A travers un sommeil aussi doux que la mort,
Ont conservé le goût de miel des litanies.
Éveillée et rentrant dans l'importune vie,
Vous dites : « Pour venir, le chemin fut bien rude. . .
J'avais peur de moi-même et de ma solitude. . . »
Et contemplant mon cœur que nul n'a moissonné,
Votre amour n'y découvre rien à pardonner. . .

VI

Mon enfant, je vous dis alors ce que me furent
Ces jours où ma jeunesse hésitait à mourir,
Ces soirs où, sur le sol que l'été vient durcir,
Dans l'ombre, j'écoutais tomber les pêches mûres
— Où passaient, sous les branches noires du domaine
Tous les souffles brûlants qui n'étaient pas pour moi,
Où de la mare, de la prairie et des bois
Mille voix jaillissaient comme une plainte humaine.
Cette ombre, où les parfums s'unissaient au silence,
C'était tout mon amour — car déjà je t'aimais.
Je retenais contre mes deux bras refermés
L'indéfini sanglot de mon adolescence. . .

VII

Bonheur, tu es les jours de neige et de silence
Parmi les livres, les musiques, les gravures —
Quand, grisé de fiévreux travail et de lectures,
Je sens autour de moi l'onde d'une présence
Et que dans la maison fleurie et ordonnée
L'immobile berceau dit l'attente ineffable
De l'âme déjà là qui bientôt sera née.
Tu es l'ami venu s'asseoir à notre table
Que notre joie attriste, apaise et fait rêver.
Tu recueilles l'odeur de mon enfance morte,
Tout le reste, ô grand vent d'automne, tu l'emportes.
Ce que j'avais gardé de pur, tu l'as sauvé
— Ce que j'avais gardé de trouble, tu l'effaces.
Derrière moi, tu me souris au fond des glaces,
Comme l'ami défunt, pur visage détruit[8],
Dont la vingtième année est fidèle et me suit.
— O bonheur, tu es la musique déchirante,
Évoquant des douleurs que l'on ne connaît plus.
Tu es les soirs d'hiver tissés d'heures si lentes
Que le sommeil sur nous peu à peu descendu,
Avec le murmure alterné des litanies,
Vient comme une mort douce après toute une vie. . .

VIII

Dans la chambre aux douces ténèbres, tu écoutes
Fleurir les airs aimés pleins d'odeurs d'autrefois,
Et le *glückes genug* de Schumann[9], sur les routes
Blanches de ce soleil que l'on ne connaît plus,
Évoque des enfants avec des blouses russes,
Haletants de plaisir, pâles d'avoir couru ;
Ils ont fui bien avant que tu les reconnusses,
Et Schumann chante encor qu'ils sont déjà bien loin. . .
Mais qu'importe ? Une amour se penche sur ton livre
Plus douce que ces jours et que ces enfants ivres
Dont les cheveux sentaient le soleil et le foin.
Dors maintenant et songe aux tempêtes finies,
Mouette au sage cœur que les vagues ont fui[10]. . .

Tes yeux te faisaient peur dans les glaces ternies.
Tu pleurais d'être seul à traverser la nuit[11].
Mais voici des genoux étroits pour ton front sage.
Et tu seras, dans les muettes fins de jour,
Comme un marin moins jeune à son dernier retour
Qui s'asseoit sous la lampe et renonce au voyage.

LES MORTS DU PRINTEMPS[1]

. . . Je découvris votre visage à la clarté des étoiles.
WALT WHITMAN[2].

I

Dans le domaine où je te mène
Entre comme dans mon passé,
Sans effacer avec la traîne
Les pas d'enfant que j'ai tracés.

Sur la terrasse où tu t'appuies,
Où les bien-aimés sont venus,
L'immense patience des pluies
N'a pu chasser les disparus.

Tu n'effaceras pas la trace
Des bien-aimés aux yeux fermés,
Pas plus que dans le sombre espace
Tous les astres qu'ils ont aimés.

O nuits pareilles ! O lumières !
O face immuable des cieux !
Que ne rallumez-vous les yeux
Dans les visages éphémères ?

II

Mon Dieu, ce soir ensevelit vos morts sans nombre.
Tous ensemble, ils riaient lorsque l'aurore a lui.
Mais au zénith la voie lactée erre et s'encombre
D'astres que ne voient plus leurs yeux emplis de nuit.

Aux printemps d'autrefois, dans les épaisses herbes,
Les premières chaleurs faisaient sombrer leurs corps.
Ils dormaient face au ciel comme de jeunes morts[3],
Le sang ne souillait pas leurs visages imberbes.

Au soir, ils s'éveillaient, ces enfants inconnus.
Les pierres des balcons meurtrissaient leurs pieds nus,
D'invisibles lilas accablaient les ténèbres,
D'invisibles oiseaux chantaient dans les lilas.
O mon Dieu qui saviez ce qu'ils ne savaient pas,
Et, d'avance, comptiez les gerbes moissonnées,
Vous preniez en pitié cette chair et ce sang,
Et déjà vous donniez à ces adolescents
Cet attrait de la mort qu'a la vingtième année.

III[4]

Je me rappelle encor le déclin des journées
Dans le port sans navire où ta douleur est née.
Du fleuve s'élevait un fleuve de brouillard
Où la Ville en rumeur s'ensevelissait toute.
Une sirène au loin pleurait pour un départ.
Ton cœur mystérieux demeurait aux écoutes,
Comme s'il entendait sur d'invisibles routes
Les pas d'un autre ami disparu dans la mort ;
— Et, sachant qu'il n'y a personne sur le port,
Tu cherchais à tes mains l'odeur chaude et salée,
L'odeur que tu aimais des larmes refoulées.

Mais, dans cet autre soir qu'emplissaient les tocsins,
O Chevalier — enfant, tu riais[5] sous l'armure !
Ton cœur ne voulut plus connaître sa blessure,
Ton corps déjà blessé volait à son destin.

Tu ne l'étendras plus sur la chaude terrasse,
D'où ta jeunesse vit s'obscurcir de beaux jours.
L'indifférent soleil ruisselle sur ma face,
Comme si tu vivais encor, cœur plein d'amour !

Autrefois, il pesait si fort sur tes paupières,
Dans l'éblouissement de ces beaux jours éteints,
Que tu devais fermer les yeux à sa lumière,
Tels qu'ils sont à jamais, ô mort d'un clair matin !

Ces yeux dont le sommeil ne cause aucun désastre,
Ces yeux brûlés que j'ai rafraîchis de mes mains,
Ces yeux où je cherchais d'impossibles chemins,
Ces yeux qui m'étonnaient comme des ciels sans astres. . .

Moi qui les vis pleurer dans des soirs si pareils,
Je fermerai les miens pour ne pas voir ton ombre,
A l'heure où frémiront au fond des lilas sombres
Les rossignols qui nous délivraient du sommeil.

IV

O mort d'avant la guerre[6], enfant dont l'agonie
S'enfonce sous la cendre obscure des années,
Qu'il aurait peu fallu t'oublier dans la vie
Pour qu'une pure gloire aussi te fût donnée
Au soir plein de sanglots d'une grande bataille !
Mais dans ces jours éteints des vacances perdues
Ton visage, assombri sous le chapeau de paille,
Regardait la chaleur vider les étendues,
Les raisins se gonfler de jus et de lumière ;
L'heure chaude vécue au cœur du salon frais
En nous penchant sur de vieux *mondes illustrés*[7]
Seule te vit rêver aux images de guerre.
Ni les après-midi que soufrait un orage,
Ni le frémissement de toutes les armures,
Ni le ruissellement sur la soif des feuillages
N'évoquèrent pour toi le fracas des ramures.
Muet, tu contemplais, de la plus haute chambre,
Le déclin rouge et or des soleils de septembre
Sans qu'il te fût jamais un signe dans les cieux. . .

Peut-être, le secret de tes dernières larmes,
Ce matin de Juin où se sont clos tes yeux,
Était-ce, ô mon ami, l'appel lointain aux armes
Qui venait jusqu'à toi de clochers inconnus
Et faisait s'avancer le long des routes claires,
Plus loin, toujours plus loin des tombes solitaires,
Un peuple adolescent dont tu ne serais plus !

V

Il faut que désormais nous écoutions le vent
Comme un dernier soupir venu de vos poitrines,
Avec l'humilité d'être des survivants[8].
O morts, ô pauvres morts, qui fûtes des enfants !
Le souffle de l'hiver gonflait vos pèlerines
Et les grands cols marins qui flottaient sur vos blouses.
Vos boucles, au printemps s'emplissaient de lumière.
Laissant leur broderie et rêveuses, vos mères
Vous regardaient bondir au soleil des pelouses.

Sans doute, elles songeaient à votre enfance pâle.
On avait dit de vous : « Pourrons-nous le sauver ?. . . »
Vos mères en tremblant vous serraient dans leur châle.
Souvent vous deviniez, la nuit, à vos chevets,
Dans l'odeur de l'éther et des remèdes fades,
— Quand la veilleuse montre à l'enfant bien malade
Le dessin effrayant de la tapisserie —
Leur présence angoissée, immobile et chérie.

Retour du bal dans l'éveil des oiseaux ! Un air
Tzigane vous venait aux lèvres en sourdine.
Un désir de pleurer gonflait votre poitrine,
Et l'aube n'était qu'un baiser à votre chair.
O printemps revenu ! N'était-ce pas une aube
Pareille à celle, pauvres morts, dont la rosée
Se répandit sur vos poitrines traversées ?
Vos mères avaient revêtu leurs sombres robes
Pour entendre la même messe, la première,
Redit les mots connus de la même prière,
Et, comme hier, leurs mains se joignaient sur leurs yeux.

Vous, renversés, face aux étoiles pâlissantes,
Vous appeliez encor de votre voix mourante,
De la terre et du sang souillaient vos doux cheveux.
Vos lèvres se tendaient vers des lèvres absentes
Comme au jour où les *Marseillaises* en rafale
N'avaient pas étouffé les sanglots du départ,
Vos yeux cherchaient encor la lumière natale,
Pour la porter à Dieu au fond de leur regard.

VI

Le vent pleure sous la porte,
Le ciel est couleur de suie.
Juin est triste. La pluie
A jeté des roses mortes
Sur la jeunesse endormie,

Sur l'armée enfin tranquille
Au sein des campagnes rases,
Au creux des champs où l'argile
Modèle comme des vases
Leurs poitrines immobiles.

La nuit, qui sait où vous êtes,
Seule pour vous s'illumine,
O jeune foule muette !
Et pose sur vos poitrines
Les yeux fixes des planètes.

La lune désespérée
Vous veille aussi, douce foule.
Elle attire les marées
Et gonfle comme des houles
Vos poitrines adorées.

Moi, mains jointes sous la pluie
De ce printemps sans abeille
Qui pleure vos douces vies,
Je veille aussi, je vous veille
Au fond de mon cœur, hosties !

POÈMES [1921][1]
[I][2]

Qu'un autre vous tienne entre ses bras,
S'il est plus digne.
J'étais une trop faible âme au ras
Du sol, dans ses pêchers et sa vigne.

Vous étiez trop haute, mon enfant
Pour moi qui traîne
Mes genoux sur le sable brûlant,
Mes chaudes mains dans l'eau des fontaines.

Vous — sœur de Jacqueline Pascal[3],
Orgueilleux ange[4],
Aucun dieu ne vous aurait fait mal
Dans mon midi de vigne et d'orange.

Eussé-je[a] pu vous donner la peur
Et le cilice,
Moi qui chantonne dans la torpeur
De mes jours accablés de délices,

Moi qui consens à toute faiblesse
Et au péché,
Et sur les fleurs maladives[5], laisse
Mon hésitante chair se pencher ?

Vous eussiez haï mes chants d'oiseau,
Muette bouche !
Et mes rires, pendant les soirs chauds,
Vous eussent fait saigner — cœur farouche[6].

[II][7]

La charmille est l'émeraude
Que blesse le jour mourant[b].
La terre fendue et chaude,
Est complice de ton sang.

Ce soir, l'odeur de la terre
Est celle de ton désir[8].
La volupté fait mourir :
O seule mort passagère !

Les prés, les eaux et les bois
Complices de ta furie,
Te rappellent à la vie
Pour mourir une autre fois[c].

Mais tu sais que les morts brèves,
D'où, les yeux blessés, tu sors,
Nous mènent de rêve en rêve,
Jusqu'à l'éternelle mort ?

De peur[d] que la Grâce sourde
En nos cœurs dévotieux,
Prions les étoiles sourdes[e],
Aux doux noms de mauvais dieux[9f].

[III][10]

Mon enfant qui vous éloignez, je vous regarde.
Le soleil déclinant vous caresse et vous farde.
Sur la nuit de vos yeux errent des feux flottants
Et mon cœur les poursuit, courant de flamme en flamme,
Au-delà de l'espace et plus loin que le temps,
Jusqu'au dolent pays où sommeille votre âme.
Adieu. La nuit va naître et déjà nous sépare,
Je vous vois bien encor, mais vous n'êtes plus là.
Mon cœur entend le cri dont il vous rappela —
Mais il n'attend plus ceux dont vous fûtes avare,
O vous qui receviez et qui ne donniez pas !

[IV][11]

A travers les trop calmes eaux jamais amères
De ce bonheur qui m'assoupit et qui m'enserre,
Je plongerai — guidé par l'appel de vos voix,
Mes peines d'autrefois.

Voleur de feu sacré, je saurai vous reprendre
Sous l'amoncellement des quotidiennes cendres
Que ne dispersa pas la patience des vents,
Tisons — ô feux vivants !

Il faut vous joindre et vous ravir — Ensevelies !
A travers l'épaisseur dormante du bonheur.
Mes fouilles font surgir d'où vous êtes tapies,
Vos figures en pleurs,

O douleurs, avec ma jeunesse confondues,
Quand je vous embarquais, pour traverser le soir,
Sur ce balcon ancré dans le ciel et la rue
En face d'un mur noir[g] !

Mon corps était léger au rose jour[h] des rues,
Berger de ses douleurs[i] dans ce Paris dormant.
Il restait pur, après la pureté perdue :
Qui souille le printemps ?

Qui souille le printemps ? Mais tout souille l'automne[12],
Et mes jeunes péchés ne furent-ils plus purs
Que ce renoncement de[j] vieux pauvre au cœur dur
Qui refuse l'aumône ?

Je t'ai dit : non, à toi, plaintive, qui m'aimas,
Qui ne voulus sourire et ne me fis pas signe.
Mais dans la nuit, à son odeur de réséda,
Je connaissais ma vigne.

J'ignore tout de toi — tes amours et tes crimes —
De tes captives mains quelles sont les attaches.
Mais je t'aime, visage étroit, tissé d'énigmes,
Pour ce que tu me caches.

Tu vécus loin de moi des milliers de vies,
Je ne sais quel secret t'habite et te dévore.
Mais ton sourire faux et tes tempes blanchies
L'emportent sur l'aurore.

Si ta marche est traînante et si ton beau corps plie,
C'est qu'il renferme un cœur chargé de trop de proies.
Je me penche sur lui. J'ai peur. Je le côtoie
Comme une eau endormie.

Elle m'attire et me repousse. Je me couche
Au bord de cette eau noire où pourrissent des tiges,
Et mon cœur baptisé cherche et fuit le vertige
A la fleur[k] de ta bouche.

Quels péchés inconnus font jaillir de ton être
Cette odeur des jardins que la grêle saccage ?
Je te respire, comme en ouvrant la fenêtre,
Je respirais l'orage —

O cœur, que ne m'as-tu roulé[l] d'un flot amer
Sur le sable où ma marche épuisante[m] est inscrite —
Et que n'ai-je vécu pour chercher de ta chair
L'épuisante limite ?

Désormais, chaque jour est un renoncement
A la fatigue double et aux doubles paresses.
Ne vous refermez plus jamais sur mon tourment,
Ténèbres[n] des caresses.

CYBELE POSSÉDÉE[1]

Les feuillages figés rêvent d'humides vents.
Je sens souffrir sous moi la Terre où je me couche[2].
Brûlante et confondue au souffle de ma bouche,
La touffeur de l'argile est un souffle vivant.
Sous un corps, la prairie entière vibre et crie[3]
Comme s'il imposait au monde sa douleur.
Telle est l'après-midi, que les hommes ont peur
Et dorment, dans l'odeur de pain des métairies[4].

Un seul enfant tient l'univers entre ses bras[a] ;
Une seule cigale éclate, grince et bat[b]
Comme le cœur souffrant de Cybèle[5] engourdie[6].

FILS DU CIEL[1]

Je porte en moi l'Enfer[a] où tu fus : le Harrar[2],
Les routes où tes pieds ont saigné ; tous les bouges,
Et cette cendre au bord des mers Mortes[3] ou Rouges ;
Mais comme toi j'attends le Seigneur ; il est tard.

Corps calciné, tremblant de fièvre sous la toile,
Tes pitoyables fils ardent vers ton destin[4] ;
Mais on ne refait pas le trajet d'une étoile.
Pour moi, j'attends aussi le Christ, au noir matin.

Vagabond de seize ans tout couvert de rosée ;
De vermine et de fleurs, chère tête embrasée ;
Ange du grand chemin que l'on ne voyait pas ;
Les labours déferlaient comme l'océan gronde,
Et l'aube t'imposait la glace de ses bras.
Si tes jeux détruisaient le visage[b] du monde,
Un autre renaissait sous chacun de tes pas.
Fils du ciel qui cuvais le vin bleu dans les granges,
Amant des bords maudits sans verdure et sans eau,
Quand mon[c] dernier rayon brûlera les[d] rideaux,
Aurai-je comme toi ce lit encerclé d'anges ?
L'aube rallumera les flaques et les socs
Et mes rigides draps dans l'alcôve profonde. . .

A l'heure du *Christus venit*[5], au chant du coq,
Je t'attendrai, Rimbaud qui n'étais pas au monde.

GANYMÈDE[1]

Ganymède, à genoux aux carreaux de la chambre[2],
Vous saignez sous le joug de l'adorable Idée[a].
La macération des landes inondées,
L'odeur des bois mouillés et du mortel décembre,
Règne en vos profondeurs, âme dépossédée.
Je savoure[b], parmi les délices du monde,
L'indigence d'un cœur[c] en qui la grâce[d] abonde ;
Et, redoutant la nuit où ma route s'enfonce,
Je rétrograde, et vole à la chambre où vous êtes,
A travers mes désirs, plus cruels que des ronces.
Le miel coule pour moi de vos lèvres muettes.
Le péché que je hais, que j'appelle[e] et que j'ose,
Peut couronner mon front de violettes mortes,
Mais ne me peut celer quel autre amour[f] impose
La couronne de sang que votre tête porte.
Esclave désolé d'un amour qui me flatte,
Pourtant, je sais le prix de vos quatre stigmates.
Serf d'un plaisir si fort[g] qu'il m'arrache des plaintes,
Et du fond de ma chair — cet[h] abîme de joie —,
Je demeure jaloux de vos blessures saintes,
Ganymède, sur qui fondit le Dieu de proie[3] !

DÉLECTATION[1]

Je pleure mes péchés — et ceux que j'ai commis
Et ceux que j'eusse aimé commettre[2].
Pour réveiller la faim dont je ne fus le maître,
Je trouble ton sommeil, ô mon cœur endormi !

Mais quel homme saurait refleurir les pêchers
Dans le verger de sa jeunesse ?
Ce vertige n'est plus, ni cette ivre faiblesse :
On ne retombe pas dans les mêmes péchés.

Je plonge en de profondes eaux pour m'assouvir
— Délectation défendue[3] !
Fut-il jamais permis aux lèvres de ravir
Sur des visages morts une douceur perdue ?

Visages exhumés, chaque jour moins distincts,
        Ma délectation vous ronge :
J'use de mes baisers vos cheveux, et j'éteins
Dans vos yeux trop souvent rouverts, le dernier songe.

DOSSIER

Notes et variantes

LES MAINS JOINTES

Dans ce Dossier, les notes d'ordre général sont précédées d'un chiffre et les variantes d'une lettre. Certains types de variantes n'ont pas été retenus, à savoir : les variantes de ponctuation (assez nombreuses) entre les différentes éditions ; les variantes majuscules/minuscules entre les manuscrits et les textes imprimés ; les fautes d'orthographe et/ou de ponctuation dans les manuscrits ; et certaines corrections d'ordre mineur (d'orthographe, par exemple) dans les manuscrits. Toutes les autres variantes sont indiquées ci-dessous, chacune suivie de renseignements bibliographiques entre parenthèses : les dates renvoient aux différentes éditions des *Mains jointes* ; les cotes renvoient aux manuscrits conservés à la Bibliothèque littéraire Jacques Doucet ou à la Bibliothèque municipale de Bordeaux ; et les sigles renvoient aux revues ayant publié les poèmes de Mauriac :

EN *Les Écrits nouveaux*
MF *Mercure de France*
PD *Le Petit Démocrate*
RM *Revue Montalembert*
RTP *Revue du Temps Présent*

DÉDICACE

1 Il s'agit d'un cousin de Mauriac, Raymond Laurens, son compagnon de vacances préféré, mort de tuberculose en juin 1909 à l'âge de seize ans. Dans l'édition de 1927, cette dédicace est suivie d'un avant-propos important (pp. vii–viii) :

> Si jamais je n'ai consenti, jusqu'à ce jour, à rééditer *Les Mains Jointes*, c'était sans doute que j'avais en horreur ces vers sans vertèbres, ces poèmes flasques. Mais enfin le goût que Barrès éprouva, quelque temps, pour eux, aurait dû me désarmer. Le vrai, c'est que je ne hais point seulement, dans ce petit livre, une technique ; j'en déteste surtout l'esprit. Cette adolescence lâche, apeurée, repliée sur soi, je la désavoue. Non que je renie ma Foi

de ce temps-là[1] ; pas plus que je ne renie ma poésie ; mais ma façon de croire valait ma façon de rimer : quelle facilité[2] ! Un enfant qui a peur de tout renifle de l'encens, tire des sacrements une émotion, des cérémonies une jouissance. Sa couardise devant la vie trouve là des prétextes édifiants ; il donne à sa lassitude des raisons métaphysiques. Rien n'use plus sûrement Dieu dans une âme que de s'être servi de Lui, au temps des années troubles : la moins périlleuse façon de s'émouvoir, voilà sans doute ce que cherchait, dans la religion, ma vingtième année.

Malgré tout ce qu'on peut dire contre le jansénisme, il avait pour lui de rendre impossible cette dévotion jouisseuse, cette délectation sensible à l'usage des garçons qui n'aiment pas le risque. Dès l'abord, il vous engageait dans une redoutable aventure : dans le « Seigneur, je vous donne *tout* » de Pascal[3].

Adolescent, j'ai fait de Dieu le complice de ma lâcheté ; qui sait si ce n'est pas là le péché contre l'Esprit[4] ? En tout cas[5], l'Esprit terriblement se venge à l'heure où la vie soudain attaque l'homme né, tard, de l'adolescent veule. Quel secours trouvera-t-il dans cette religion qui ne lui fut jamais qu'une source de faibles délices ? *Les Mains Jointes* gâchent d'avance cette ressource infinie dont l'enfant aura besoin lorsqu'il sera devenu un homme ; elles dilapident un capital immense ; tout se perd en fumée d'encens. Malheur au garçon dont les clous, l'éponge de fiel, la couronne d'épines furent les premiers *jouets*[6].

1 J'ai ajouté le trait d'union qui manque dans l'édition de 1927.

2 Mauriac avait déjà fait ce genre d'autocritique dans une lettre du 17 août 1913 : « je ne me trouve qu'une facilité banale » (*NLV* 53).

3 Citation de la méditation connue sous le nom de « Mystère de Jésus » — voir Blaise Pascal, *Pensées sur la religion et sur quelques autres sujets*, introduction de Louis Lafuma, 3 tomes (Paris, Éditions du Luxembourg, 1951), I : *Textes*, p. 489 où le mot « tout » n'est pas en italique.

4 Allusion au blasphème contre l'Esprit Saint, qualifié de « faute éternelle » par Jésus (Marc 3. 29).

5 J'ai corrigé une coquille dans l'édition de 1927 où on lit : « En tous cas ».

6 Une dizaine d'années plus tard, Mauriac s'inspirerait de cet avant-propos dans la confession de Gabriel Gradère au début de son roman *Les Anges noirs* (*ORTC*, III, 218–19).

A son tour, cet avant-propos est suivi dans l'édition de 1927 d'une « Préface » (pp. ix–xv) reprenant le fameux compte-rendu de Maurice Barrès[7] :

> L'autre jour, comme j'entrais chez Paul Bourget[8], je l'ai trouvé qui tenait en main un petit livre et qui, sans autre préambule, m'a dit : « Écoutez ces seize vers. »
>
> ....[9]
>
> J'ai pris le titre de ce recueil ignoré : *Les Mains Jointes*, par François Mauriac, et depuis vingt jours je me donne la musique charmante de cet inconnu, dont je ne sais rien, qui chante à mi-voix ses souvenirs d'enfance, un ami mort jeune, ses amies voilées, ses premières détresses, toute une vie facile[10], préservée, scrupuleuse, rêveuse d'enfant catholique.
>
> J'aime, dans ce livre, un don charmant de spiritualité, joint à la jeunesse et au goût le plus pur. Un être encore peu formé, avant qu'il ait trouvé une raison d'agir et quelque vigoureux parti pris, laisse vaguer devant nous son imagination. Elle ne va pas volontiers devant elle, mais revient toujours en arrière, un peu craintivement ce me semble, pour écouter et réveiller les voix de son enfance et pour trouver au milieu d'elles de la sécurité. Le jeune poète s'attarde dans ses premiers chemins ; il nous dit toute son enfance recueillie, ses soirs d'écolier déjà songeur dans la chapelle tiède, les longues heures calmes à l'étude, tandis que les moineaux piaillent dans les cours et qu'il s'enchante à lire Lamartine, les grandes vacances avec leur ennui où l'âme se forme paisiblement dans le vieux domaine, le départ de l'étudiant plein de désirs, que sa mère conduit à la gare, la solitude dans les nuits de Paris, près de la lampe studieuse et romanesque. Et, naturellement, ce n'est pas le tout d'une jeune vie, mais le tout est exprimé, senti avec la plus aimable délicatesse. Si le poète nous confie des

---

7 Ce compte-rendu fut déjà reproduit à la fin de l'édition de 1910 (pp. 119–24) où il est précédé de cette mention de la part des éditeurs : « Nous publions ci-dessous l'article que M. Maurice Barrès de l'Académie Française consacra au poème des *Mains Jointes* dans l'*Écho de Paris* du 21 mars 1910. »

8 Comme Barrès, le romancier et critique Paul Bourget fut membre de l'Académie Française.

9 Dans l'édition de 1927 ces pointillés remplacent les seize premiers vers d'« A la mémoire de R. L. I ». Mauriac a également omis les deux phrases de Barrès qui font suite à cette citation : « Il faut lire toute la suite, qui s'élève jusqu'au cœur de la pensée catholique. Quels accords douloureux et vrais ! »

10 J'ai corrigé une coquille dans l'édition de 1927 où on lit : « tout une vie facile ».

sensations, c'est pour éclairer des sentiments. Beaucoup de mesure, nul mensonge, la plus douce et la plus vraie musique de chambre, rassemblant toutes ses émotions autour d'une pensée centrale catholique. C'est la poésie de l'enfant des familles heureuses, le poème du petit garçon sage, délicat, bien élevé, dont rien n'a terni la lumière, mais trop sensible, avec une note folle de volupté.

. . .Je donne à ce nouveau venu pour père et pour grand-père un Verlaine qui n'a pas de remords, un Sainte-Beuve moins tourné vers la physiologie. Il a cette disposition tendre, ce goût de l'intimité, ce besoin de guide et de soutien qui font du fameux roman de Sainte-Beuve[11], bien qu'il soit, ce me semble, le plus médiocre des récits, un livre si riche et toujours émouvant. Je reconnais ici la volupté d'Amaury, mais avant qu'elle soit pervertie. L'enfant innocent que le poème fait vivre devant nous, ne prétend pas à cette connaissance raffinée du bien et du mal, que le héros de Sainte-Beuve recherche pour n'aboutir, d'ailleurs, qu'à l'incertitude générale. Nul désordre chez le poète des *Mains jointes* ; s'il naquit pour la Muse, des prêtres le formèrent ; dans son âme, tout gravite autour de la religion de ses premières années. N'empêche que ces états extrêmes de la sensibilité font toujours frémir ! Ils ramènent la pensée sur le grand problème de l'éducation : faut-il apaiser, calmer les enfants, au risque d'en faire des petites brutes à la peau épaisse ; faut-il, en les affinant, risquer qu'ils ne soient pas aptes à la vie, qu'ils refusent ses duretés ; et la voyant telle qu'elle est, s'en éloignent ?

Dans les rêveries admirables où Charles Demange[12] vivait comme dans un monde créé par lui-même, monde idéal, intermédiaire entre la vie et la mort, on trouve cette douce obsession de l'enfance. « Oh ! mon enfance, c'est vous toujours que je retrouve[13] ! » s'écrit-il dans ses papiers, que nous déchiffrons après qu'il nous a quittés. Il frémissait d'impatience devant les espaces

11 Il s'agit de *Volupté* (1834), roman dans lequel l'évêque Amaury raconte sa vie avant d'entrer dans les ordres.

12 Le neveu de Barrès qui se suicida en août 1909 à l'âge de vingt ans suite à une déception amoureuse, « tragédie cruelle dont Barrès n'était pas absent » (*OA* 199). Mauriac savait bien que « à travers l'auteur des *Mains jointes*, Barrès, tandis qu'il écrivait son article, ne cessait de voir son enfant que l'amour avait tué » (*OA* 199).

13 Cette citation servira d'épigraphe à la première section de *L'Adieu à l'adolescence* (*OC6* 367).

de la vie ouverte à sa jeunesse, et pourtant il quittait à regret ses petites années. Il leur demandait le secret de sa formation et le meilleur moyen de s'utiliser, en même temps qu'il trouvait chez elle un refuge, du silence, une retraite, des brumes où son image s'évanouit.

Ah ! j'entends bien ce que l'on peut me dire, que ce sont là les délicatesses, les langueurs de jeunes privilégiés. Je me rappelle ce que m'écrivaient les *Annales de la Jeunesse laïque*, par la plume d'un professeur, M. Guy Grand, que, pour beaucoup de pauvres petits diables, malheureux, mal encadrés, déshérités, la famille, la nature, la religion, c'est-à-dire une maison, un jardin, une chapelle parfumée, cela n'existe pas, et qu'ainsi ces retours, ces complaisances vers les premières années sont encore un privilège de classe. Peut-être. Mais j'ai connu Charles Louis-Philippe[14], à qui ses amis rendent, ces semaines, de grands honneurs funèbres. Il se distinguait des écrivains bourgeois. J'ai là, sous mes yeux, une bien saisissante lettre de lui. Il s'y donne comme un véritable enfant du peuple, le premier de sa lignée qui soit passé par les livres, « le premier fils de pauvre qui soit allé dans les lettres ». Et pourtant, avec quelle délectation triste ses plus belles pages se retournent vers les émotions de ses jeunes années !

Ce poème des *Mains jointes* exprime la poésie d'un moment de la vie. Voici la minute aux couleurs changeantes, insaisissables, l'âge ambigu où l'enfant se défait, mue et se recompose en adolescent. Quelle voie veut-il choisir ? Suivra-t-il un Sainte-Beuve, un Renan, ces sages un peu trop gras, qui, plusieurs fois, ont semblé croire que le relâchement délicieux de l'âme au sein de la volupté, ce que les Grecs appelaient *anésis*, la fluidité, la rêverie et l'éparpillement étaient la forme supérieure de la vie ? Ralliera-t-il au contraire, la troupe plus austère des grands esprits qui ont toujours glorifié le *tonos*, c'est-à-dire « la tension vibrante d'une âme maîtresse d'elle-même, insensible à tout autre plaisir que celui de se dominer et de dominer la fortune ? » Nous aimons qu'un livre si frêle fixe la minute éphémère d'une inquiétude éternelle.

Hésitation à quitter le rivage, regret vague d'une enfance si douce, d'une quiétude si tendre et si tiède, infinie sensibilité qui s'amasse et ne veut[15] pas encore courir aux gaspillages de la jeunesse, non plus qu'aux songeries austères du couchant, voilà

14 Romancier mort le 21 décembre 1909, auteur de *Bubu de Montparnasse* (1901).
15 J'ai corrigé une coquille dans l'édition de 1927 où on lit : « veux ».

ce poème des *Mains jointes*. Tout y est tendre, indécis, rêveur et garde la chaleur du nid. Moment rapide, crépusculaire ! Cette cantilène qui s'élève semble une réplique d'un jeune clerc à l'audacieuse chanson de Chérubin, l'une et l'autre mêlées de larmes sans causes. . .

Mais il faudra sortir de cet attendrissement, de cet avril trouble et devenir un homme ; il faudra prendre sa course, adopter une pente et cesser de stagner.

Qu'adviendra-t-il de la charmante source ? On ne goûte rien que pur dans ses premiers bouillonnements. Quand elle va courir loin de l'ombre qui la protège, elle reflètera beaucoup de visages et subira plus d'un mélange. L'adolescent perdra son âge aimable et sûr de plaire. Saura-t-il mûrir ? C'est là le grand problème. « Mûrir, mûrir ! disait Sainte-Beuve, on durcit à certaines places, on pourrit à d'autres : on ne mûrit pas[16]. » Quelle affreuse boutade, mais dont l'expérience de la vie, trop souvent justifie la cruauté !

Un serpent d'émeraude est au fond de l'eau claire,
Quand je m'y suis baigné, le traître m'a mordu.

Ainsi parlait, aux approches du soir, un poète de notre jeunesse. Plainte sublime, magnifique regard jeté sur toutes les adolescences. Eh ! bien, il faut que les morsures du beau serpent d'émeraude, enroulé au fond de la vasque des fées, immunise notre âme et la fasse plus forte. Il faut quitter d'un pas assuré notre jeunesse et trouver mieux. Ce n'est pas bien malin d'être une merveille à vingt ans ! Le difficile est de se prêter au perfectionnement de la vie et de s'enrichir d'elle à mesure qu'elle nous arrache ses premiers dons. Le jeune François Mauriac, dans ce volume où je ne vois pas (grand prodige chez un poète !) une seule bêtise, se définit d'un mot excellent : il nous parle de son passé « d'enfant mystique et raisonnable ». Je confirme son diagnostic : il a de la raison et même du bon sens. C'est son salut assuré. Qu'il s'attache solidement à cette part de bon sens pour que son génie poétique, dont je suis heureux de saluer l'avril, nous donne ses quatre saisons de fleurs et de fruits[17].

---

16 C'est la 17e des « Pensées » que l'on trouve vers la fin de Charles-Augustin Sainte-Beuve, *Portraits contemporains et divers*, nouvelle édition revue et corrigée, t. III (Paris, Didier, 1855), p. 514. On lit « à de certaines places » dans l'original.

17 Notons que la version de ce compte-rendu que l'on trouve dans *La Rencontre avec Barrès* (*OA* 194–97) n'est pas tout à fait fidèle à l'original.

L'ÉCOLIER

L'ÉCOLIER

1 Publication préoriginale : « L'Écolier », *RTP*, 3e année, t. 2, no 4 (2 octobre 1909), pp. 229–30.

2 Mois de mai, consacré au culte de la Vierge.

3 Cf. *Le Sang d'Atys* (1940) : « Les ménades couraient sur sa trace vermeille | Avec des rires fous et des appels stridents. » (*OC6* 461).

4 Cf. *La Robe prétexte* (1914) : « l'enfant que je fus » (*ORTC*, I, 187).

5 Héros éponyme du récit de Chateaubriand publié pour la première fois dans *Le Génie du christianisme* (1802).

6 Cf. *La Robe prétexte* : « La veille, nous avions, [. . .], orné des reposoirs. » (*ORTC*, I, 91).

7 Poème paru dans les *Méditations poétiques* (1820).

a : dans MRC 8 on trouve le texte de l'édition de 1909 ainsi qu'une version primitive biffée : « A la chapelle où des parfums trop lourds s'exhalent » ; j'ai corrigé la coquille « arome » que l'on trouve dans les éditions de 1909, 1910 et 1927.

b : « les parfums évaporés » au pluriel (MRC 8).

c : « la fleur dorée » au singulier (MRC 8).

d : « vous » avec initiale minuscule et « Chapelle » avec initiale majuscule (1927 ; 1951).

e : texte différent dans MRC 8 : « Dont l'âme frêle au jour transparent des juins ».

f : « Luisait » (MRC 8) au lieu de « Était ».

g : « encore » (1951 : coquille).

h : « fraîcheur » (MRC 8) au lieu de « douceur ».

L'AME ANCIENNE

1 Les cinq premiers vers se trouvent (sans titre) dans BDX 2. Le vers 5 y est différent : « Ame d'enfant — ô vous le passé qui me reste ».

a : « vierge » avec initiale minuscule (1927 ; 1951).

b : Sur les épreuves (BDX 3), quatre vers biffés sont imprimés à la fin du poème :

> Et je veux m'endormir en la nuit du passé
> Où là toujours — ainsi qu'un pastel effacé
> Dans l'ombre du salon, sous la glace ternie —
>
> Une amitié persiste ancienne et rajeunie. . .

En corrigeant les épreuves, Mauriac se rendit sans doute compte que ces quatre vers ressemblaient trop à la première strophe du poème suivant.

AMI D'ENFANCE

a : « pastels presque » (1927 ; 1951) au lieu de « vieux pastels ».

b : texte différent dans MRC 8 : « Les mêmes fleurs parfumaient. »

c : texte différent dans MRC 8 : « Où notre amitié secrète ».

d : dans MRC 8 Mauriac hésite entre deux vers pour terminer son poème : « Fut presque une aube d'amour » et « Était une aube d'amour ».

GRANDES VACANCES

1 Publication préoriginale : « Grandes Vacances », *RTP*, 3e année, t. 2, n° 4 (2 octobre 1909), pp. 230–31. (Seule cette première pièce est publiée dans *RTP*.)

2 Cf. *La Robe prétexte* : « le vieux domaine » (*ORTC*, I, 182).

3 Un texte de Mauriac intitulé « Méditation sur Henri Perreyve » est paru dans *Les Cahiers de l'Amitié de France* en mars 1912 ; il est reproduit dans François Mauriac, *Lacordaire*, textes recueillis et présentés par Keith Goesch (Paris, Beauchesne, 1976), pp. 133–38.

4 Cf. *Destins* (1928) : « Dix heures : sur la vigne, la brume tremblait. » (*ORTC*, II, 136).

5 Cf. *Un adolescent d'autrefois* (1969) : « la brume annonciatrice d'un jour torride » (*ORTC*, IV, 755).

6 Cf. *Destins* : « jusqu'à ce que les collines ne fussent plus que des vagues d'ombre. » (*ORTC*, II, 150).

7 Cf. *Galigaï* (1952) : « les coteaux dorment dans un flamboiement immobile. » (*ORTC*, IV, 382).

8 Cf. *La Chair et le sang* (1920) : « un verger offre au soleil les fruits qui, par instants, tombent et s'écrasent sur le sol durci. » (*ORTC*, I, 204).

9 Des échos de ces deux premières strophes se trouvent dans deux textes publiés bien plus tard — *Le Sang d'Atys* : « J'entoure ton sommeil d'un bourdonnement sourd | De mouches que le cri perdu d'un coq traverse » (*OC6* 449), et *La Pharisienne* (1941) : « Et le silence régna : des cigales, un chant de coq, un bourdonnement de mouches. » (*ORTC*, III, 734).

10 Cf. *L'Enfant chargé de chaînes* (1913) : « l'obscure maison de campagne, [. . .] sa bonne odeur de placard et de coing » (*ORTC*, I, 13).

a : « d'ombres » au pluriel (*RTP* ; 1927).

b : les vers 1–4 sont différents dans MRC 8 :

Des vagues de coteaux dorment dans la lumière
Je songe vaguement devant mon livre ouvert.
Des tourbillons de vent font voler la poussière.
Mon Dieu, je suis plus seul ici qu'en un désert.

c : « en » (MRC 8) au lieu de « dans ».
d : « claude » avec initiale minuscule (1951).
e : « de carriole ou » (MRC 8) au lieu de « atténué ».
f : « les souffles chauds » (MRC 8) au lieu de « des souffles lourds ».
g : « en la lourde journée » (MRC 8) au lieu de « au soleil qui la brûle, ».
h : les vers 15 et 16 sont différents dans MRC 8 : « Mon Dieu je sens qu'ici ma faute est pardonnée | Et que votre bonté dans l'azur me sourit. »
i : « Là » (MRC 8) au lieu de « Et ».
j : l'ordre des vers 17 et 18 est inverti dans MRC 8.
k : « de » (MRC 8) au lieu de « des ».
l : la version de cette quatrième pièce que l'on trouve dans MRC 8 (f. 7) est différente. Elle n'a que trois strophes : la première est pareille à la troisième strophe de l'édition de 1909 sauf que le troisième vers commence par « Mon cœur [. . .] ». La deuxième strophe de la version primitive est complètement différente :

> Mon cœur qu'on feuillette et qu'on n'aime pas,
> Qui peut s'attarder après l'heure dite
> Sans qu'un cœur ami ne batte plus vite
> Et guette anxieux le bruit de ses pas. . .

La troisième (et dernière) strophe est pareille à la quatrième strophe de l'édition de 1909 sauf que le poète écrit « ma destinée » au premier vers et que le troisième se lit : « Et que mon cœur est un pauvre sans feu ».
m : « souvenir » au singulier (MRC 7).

VACANCES DE PAQUES
1 Cf. *L'Enfant chargé de chaînes* : « le vent faisait un bruit monotone et doux dans les pins ondulants. . . » (*ORTC*, I, 13).
a : « cîmes » (1927 : coquille).

L'ÉTUDIANT

DÉPART
a : dans MRC 8 le premier vers de chaque strophe est répété à la fin de la même strophe. Notons toutefois une modification du terme négatif au milieu du vers à la fin de la deuxième strophe: « Je ne chercherai rien [. . .] ».
b : dans MRC 8 le poème se termine par deux tercets supplémentaires biffés :

> Une tapisserie aux dessins effacés

Et qu'abîment les clous par un autre enfoncés
Forme l'étroit carré qui sera mon domaine.

Un trot hâtif avec le son d'un seul grelot ;. . .
Sur l'infini des toits le tintement de l'eau,
C'est la grand ville où je vis seul avec ma peine. . .

[L'ÉTUDIANT]

1 Publication préoriginale : « L'Étudiant », *RTP*, 3e année, t. 2, n° 4 (2 octobre 1909), p. 231. (Seule cette première pièce est publiée dans *RTP*.) Dans toutes les éditions des *Mains jointes*, ce poème (ainsi que les trois suivants) est sans titre (« L'Étudiant » étant le titre de l'ensemble de la section). Les quatre poèmes sont simplement précédés chacun d'un chiffre romain.

a : « songe » (MRC 8) au lieu de « pense ».

b : « Novembre, » avec initiale majuscule (*RTP* ; 1910).

c : « gémissent les vieux orgues » (MRC 8) au lieu de « se lamente un vieil orgue ».

d : l'ordre des vers 7 et 8 est inverti dans MRC 8.

e : dans MRC 8 on trouve le texte de l'édition de 1909 en interlinéaire au-dessous d'une version primitive raturée : « Et tu dis en ton cœur : combien triste est la vie ». Au-dessus de ce vers raturé, on trouve une addition interlinéaire (non biffée) qui ne correspond à aucun vers du texte publié : « A ta chambre à la vieille maison provinciale ». Dans les éditions de 1927 et de 1951, ce onzième vers est suivi d'une ligne blanche.

f : « sombre » (MRC 8) au lieu de « morne ».

g : « Et pensant au jardin de chez toi, tu te dis : » (MRC 7) ; « Tu songes au jardin de chez toi. Tu te dis : » (MRC 8).

h : ce vers est entre guillemets dans l'édition de 1951.

i : en haut et à droite du feuillet 10 de MRC 8 Mauriac a écrit : « Est-ce que tu m'aimes ? ».

j : on trouve une strophe supplémentaire à cet endroit dans MRC 8 :

Celle-là que je désire
Me sourit et de son mieux.
Je sais pourquoi ce sourire :
Elle se voit dans mes yeux.

k : « La veuve est là » (MRC 8) au lieu de « Et consolé, ».

l : « pauvre et lasse » (MRC 8) au lieu de « lasse et pauvre ».

m : « jeunes » (MRC 7 ; MRC 8) au lieu de « belles ».

n : « jeunesse qui pleures et » (MRC 7 ; MRC 8) au lieu de « ma jeunesse en pleurs, qui ».

o : en haut et à droite du feuillet 12 de MRC 8 Mauriac a écrit : « C'est mon refuge. . . ».

p : « aux lents crépuscules » au pluriel (MRC 8).

q : au-dessus du mot « paraît » dans MRC 8 on trouve deux alternatives : « comme » (biffé) et « s'est ».

r : MRC 8 montre que Mauriac a beaucoup hésité sur la forme des vers 13 et 14. Dans un premier temps il a écrit : « Chambre d'un jour, grise et sans charmes | Douce pourtant comme une aïeule. . .— », avant d'essayer une version alternative : « Elle est douce comme une aïeule | Pour un enfant que tout désarme ».

ÉVOCATION

1 Publication préoriginale : « Évocation », *PD*, 2e année (16 mai 1907), [p. 1]. Chaque numéro de cet organe du Sillon limousin comporte quatre pages non numérotées.

2 Les noms mentionnés dans les vers 17–22 sont tous associés à l'histoire de Port-Royal des Champs au XVIIe siècle : Antoine de Singlin fut le confesseur et supérieur des religieuses ; Jean Hamon fut le médecin du monastère ; le théologien Antoine Arnauld (« le Grand Arnauld ») défendit le jansénisme contre les Jésuites ; encore un théologien janséniste, Louis-Isaac Le Maistre de Sacy, fut directeur de conscience des solitaires de l'abbaye ; Anne-Geneviève de Bourbon, épouse de Henri d'Orléans, duc de Longueville, fut dirigée par M. Singlin ; et Anne de Rohan, Mme de Guéménée, fut une autre grande dame pénitente du monde proche de Port-Royal. Quant à Antoine Le Maître (mentionné dans les Variantes), c'était un avocat célèbre qui entreprit une vie de pénitence sur le conseil de l'abbé de Saint-Cyran.

3 Méditation de Pascal sur l'agonie de Jésus qui fut peut-être rédigée à Port-Royal en janvier 1655.

a : « J'entends » (*PD* ; MRC 7) au lieu de « Je sens ».

b : « Ses » (*PD*) au lieu de « Les ».

c : « autrefois » (*PD* ; MRC 7) au lieu de « jours défunts ».

d : « eusse aimé » (1910 ; 1927 ; 1951) au lieu de « eus voulu ».

e : « du» (1910 ; 1927 ; 1951) au lieu de « de ».

f: « Des » (*PD*) au lieu de « Les ».

g : « Lemestre » (*PD*) au lieu de « Arnaud ».

h : « jésuites » avec initiale minuscule (*PD*).

i : « tout défaillant » (*PD*) au lieu de « avec des pleurs ».

L'AMI

[L'AMI]

1 Ce poème (ainsi que le suivant) ne porte pas de titre à proprement parler dans aucune édition (« L'Ami » étant le titre de l'ensemble de la section). Les deux poèmes sont simplement précédés chacun d'un chiffre romain (sauf dans le cas de la première pièce dans l'édition de 1910 où le chiffre manque). Une version primitive de ce premier poème se trouve dans MRC 8 (f. 13). En raison des nombreuses différences entre cette version et celle publiée en 1909, il sera plus utile de reproduire le texte du manuscrit au lieu d'établir une liste de variantes :

Au long de l'humble vie où je vais si fermé
Et ballotté par la cohue avide et rude
Mon cœur d'adolescent garde cette habitude
De voir en chaque nuit celle du bien aimé.

Celle qui mènera vers ce cœur étonné
L'ami pour qui s'amasse en moi comme une automne
D'amitiés mortes et d'amours abandonnés

Je ne désire plus celle pour qui chantonnent
Dans les cœurs de seize ans les premiers vers d'amour.
Mais j'espère l'ami — celui qui n'est pas rude
Et fatigué de porter seul un cœur trop lourd
Lourd de son abandon et de sa solitude. . .

Il viendra me trouver souvent quand l'heure grise
Envahira la chambre où l'octobre se meurt[18]
Et sans discussions — et sans crier — sans heurt —
Écoutant le flot de détresse qui se brise
Et qui sanglote au long des plages désolées,
De nos cœurs. . . Nous aurons cette amitié voilée
Vers quoi cheminent tant d'âmes inconsolées. . .

2 Cf. *La Robe prétexte* : « Jamais l'ombre d'une chapelle n'avait été aussi douce à ma tristesse. » (*ORTC*, I, 154).

a : « viendrait » (MRC 7) au lieu de « viendra ».

18 On trouve une version alternative de ces deux vers dans la marge : « Et qui te viendrait voir souvent à l'heure grise | Dans la chambre obscure où l'octobre se meurt ».

b : dans MRC 8 on trouve le texte de l'édition de 1909 en interlinéaire au-dessus d'une version primitive non raturée : « Et la nuit, sont allés sangloter sur les tombes ». Notons que dans l'addition interlinéaire le mot « cherché » est biffé et remplacé par « baisé » qui, à son tour, est biffé et remplacé par « cherché ».

c : dans MRC 8 le texte de l'édition de 1909 figure comme une addition marginale ; le vers original (biffé) se lit : « Mais l'antique splendeur qui se ruine et qui tombe, ».

d : dans MRC 8 Mauriac a d'abord écrit « ton cœur » avant de changer le « ton » en « le ».

e : « le vent glacé » (MRC 8) au lieu de « la tiède nuit ».

f : « la nuit » (MRC 8) au lieu de « l'ombre ».

g : « pauvres » (MRC 8) au lieu de « humbles ».

A UN APOTRE

1 Cette première pièce reproduit les strophes 2 à 5 de « Ceux dans les coins » (MRC 6, f. 26r°). A part la ponctuation et une faute d'orthographe, la seule variante concerne le vers 11 du poème des *Mains jointes* où on lit « leurs corps » dans le manuscrit. Afin de mieux saisir le contexte original de ce poème, il conviendra de citer les strophes 1, 6 et 7 de la version primitive :

Un sanglot nous semble touchant
Car il évoque nos misères. . .
C'est ton moi que tu vas cherchant
Parmi les âmes de tes frères. . .

[. . .]

En rentrant du cercle d'Études[19]
Les autres, à deux, vont errer. . .
Eux, le cœur lourd de solitude,
Causent seuls avec le curé. . .

Si l'ami Marc[20] qu'ils aiment tant
Leur disait « Comment tu t'appelles ?. . . »
Cette heure-là serait trop belle :
Ils l'attendront longtemps. . . longtemps. . .

19 Une des principales activités organisées par les groupes du Sillon.

20 Marc Sangnier. Le ton ironique adopté ici à son égard par Mauriac anticipe sur celui, plus mordant, que l'on trouve dans son premier roman, *L'Enfant chargé de chaînes*.

2 Cette deuxième pièce est précédée du chiffre « I » dans l'édition originale ; il s'agit évidemment d'une coquille (corrigée dès l'édition de 1927). Le poème s'inspire des strophes 3 à 6 de la deuxième partie d'un poème intitulé « Malgré leur haine » (MRC 6, f. 24r°). Dans la première partie (précédée d'une épigraphe de Marc Sangnier), le poète évoque un homme anonyme (désigné simplement comme « il ») qui ne parvient pas à partager l'évangile avec les ouvriers. Dans la deuxième partie, le poète exhorte cet anonyme à aimer les pauvres.

3 Allusion à Jean 4. 6.

a : dans l'édition de 1910, le poème a pour titre les mots de l'incipit : « Quand tu leur dis. . . ».

b : « leurs » (1910 ; 1927 ; 1951) au lieu de « ces ».

c : en haut et à droite du feuillet 16 de MRC 8 Mauriac a écrit : « Ceux qui restent dans les coins. . . ». Dans l'édition de 1910, le poème a pour titre les mots de l'incipit : « Ne va plus t'attendrir. . . ».

d : « Neva » (1910 : coquille).

e : « "Reste" » entre guillemets (1951).

f : « près d'elle » (MRC 7 ; MRC 8) au lieu de « fidèle ».

LE VAINCU

1 Publication préoriginale : « Le Plus Faible », *PD*, 2e année (30 mai 1907), [p. 1].

2 Cette orthographe sera maintenue dans toutes les éditions.

a : dans MRC 8, les strophes sont distribuées comme suit : (i) vers 1–16 ; (ii) vers 17–24 ; (iii) vers 25–36 ; (iv) vers 37–40. La version du poème parue dans *PD* est divisée en deux parties de longueur égale (chacune précédée d'un chiffre romain). Une ligne de points sépare la dernière strophe du reste de la deuxième partie. La date « 1907 » est imprimée à la fin de cette version.

b : « Celui » (*PD*) au lieu de « L'ami ».

c : « Et vous laisse » (1927 ; 1951) au lieu de « En vous laissant ».

d : « les lointains, » au pluriel (*PD*).

e : « de » (1910) au lieu de « des ».

f : « Cette » (*PD*) au lieu de « Son ».

g : « puis, dans son jardin, » (*PD*) au lieu de « dans son jardin clos ».

h : « les traces » au pluriel (MRC 8).

i : « a connu » (MRC 8) au lieu de « connut ».

j : dans MRC 8 « l'heure » est biffé et remplacé par « l'âge ».

k : « espoir » au singulier (1910).

l : « peut-être viendra » (*PD*) au lieu de « il faut que vienne ».

m : « la nuit triste, » (*PD*) au lieu de « l'heure sombre — ».

n : le discours direct (vers 29–36) est entre guillemets dans l'édition de 1910.
o : « baissé » (*PD* ; MRC 8) au lieu de « jeté ».
p : « vers » (*PD*) au lieu de « sur ».

SOUVENIR

a : « ton œil pâle a comme » (MRC 8) au lieu de « tes yeux d'enfant triste ont ».
b : « enchante et met » (1910 ; 1951) au lieu de « enchantes et mets ».
c : « où » (1927 : coquille).
d : « Du crépuscule froid » (MRC 8) au lieu de « O crépuscules froids ».
e : dans MRC 8 le texte de l'édition de 1909 figure comme une addition marginale ; le vers original se lit : « Lors je ne cherchais pas, triste âme, à t'égayer ».
f : « Mais j'offrais » (MRC 8) au lieu de « Je donnais ».
g : dans MRC 8 on trouve « aimé » écrit au-dessus de « cherché » sans que l'original soit raturé.
h : j'ai corrigé la coquille « seul » dans l'édition de 1909.
i : dans MRC 8 les vers 1 à 25 forment une seule strophe et le poème se termine par une seconde strophe de 4 vers :

> Je suis seul. L'eau chantonne aux gouttières du toit,
> Mon cœur pacifié se recueille pour toi. . .
> Je songe que ma vie a traversé ta vie,
> Petite âme de rêve et pour toujours enfuie. . .

LE DÉSERT

a : en haut et à droite du feuillet 20 de MRC 8 Mauriac a écrit : « Je redoute pour vous ma tristesse ».
b : « si » (1951) au lieu de « bien ».
c : « les campagnes grises » au pluriel (MRC 8).
d : MRC 8 offre une version primitive de cette strophe ainsi que la version que l'on trouve dans l'édition de 1909 (dans un premier temps Mauriac a écrit « Obscure métairie [. . .] » au début du vers 13) :

> J'ai peur que vous m'aimiez une heure brève
> Comme une métairie au fond des bois
> Où l'on ne doit revenir qu'en rêve
> Et qu'on évoque le soir, quelquefois. . .

TRAHISON

1 Sur les épreuves (BDX 3), suit un poème intitulé « Fin d'hiver ».
Mauriac ne donne aucune indication que le poème doit être supprimé.

On peut donc supposer que la décision de ne pas le publier ait été prise très tardivement. Le texte est le suivant :

Si dans les derniers soirs de l'hiver qui persiste,
Dans la grise douceur de l'hiver attardé
Je n'avais indéfiniment pu regarder
Les coins un peu tombants de votre bouche triste. . .

Et si je ne guettais en mon âme bercée,
Quand, d'une sourde voix, vous me lisez des vers,
Les délicats baisers de vos lèvres gercées
Dans l'assoupissement de cette fin d'hiver. . .

Aurais-je donc vécu sans que tu sois venue
Dans la grise douceur de ma médiocrité,
Et rien n'eût-il troublé mon cœur déshérité
Ni ton profil rêvé, ni ta grâce inconnue ?

Aurais-je eu ce bonheur d'avoir pour m'y blottir
Et cacher ma faiblesse et ma laideur un gîte,
Où dans l'ombre, sans lampe, on peut s'ensevelir
Quand le regard se voile et que le cœur s'agite. . . ?

Le manuscrit (MRC 8, f. 22) offre une version différente de la deuxième strophe :

Dans l'assoupissement de cette fin d'hiver. . .
Si l'âme n'attendait, somnolente et bercée —
Quand, d'une sourde voix, vous me lisez des vers —
Les irritants baisers de vos lèvres gercées. . .

a : dans l'édition de 1910, le poème a pour titre les mots de l'incipit : « Dans l'effacement. . . ».

VEILLÉES

1 Cette première pièce reprend les strophes 1, 2 et 4 (sur un total de dix) d'un poème intitulé « Tête à tête » (MRC 6, f. 4r°), adressé à une femme anonyme. Voici le texte de la troisième strophe :

Les vieux saxes des étagères
Et les madones sur les murs

Profilent leurs grâces légères
Dans le vague des coins obscurs

Une autre version de ce poème se trouve dans BDX 1 (ff. 9v°–11r°). Elle est intitulée « La Chambre » et datée du 3 mars 1905. Cette version est assez proche de « Tête à tête », mais l'ordre des strophes 3 et 4 est inverti et la première strophe revient à la fin du poème.

2 Les deux premières strophes de cette deuxième pièce reprennent les strophes 5 et 7 d'un poème de quarante vers intitulé « Au fond » (MRC 6, f. 28r°). Il est dédié à Xavier Darbon, membre du Sillon de la Gironde, responsable des Salles de travail et des conférences. Les quatre premières strophes du poème manuscrit montrent bien que Mauriac ne se sentait pas très à l'aise dans le mouvement de Marc Sangnier :

Comme un fardeau lourd que l'on pose
Délaissons notre rêve austère. . .
Oublions un instant la Cause
Et les cris lassants de la terre.

Laissons fuir les heures moroses
Dans le noir mouillé de décembre.
Rêvons en la quiète chambre
Où fanent les camaïeus [sic] roses,

Où sifflent les tisons fauves
Où l'on revoit dans l'air tiède
Aux tons des violettes mauves
Les yeux qu'avait chantés l'aède.

Près des tisons, cherchons ensemble
Si notre âme n'est pas émue
D'un rêve d'amitié ténue
Et d'un regard où l'amour tremble.

Ces deux derniers vers offrent un bon exemple de la façon dont l'amitié peut s'approcher de l'amour dans l'esprit du jeune poète[21]. Cela ressort

21 Chez le jeune romancier également : sur le « caractère homosexuel » des amitiés dans les romans de jeunesse, on se reportera à l'ouvrage d'Émile Glénisson, *L'Amour dans les romans de François Mauriac* (Paris, Éditions Universitaires, 1970), pp. 88–91.

clairement un peu plus tôt dans le même manuscrit dans un poème intitulé « Amitié » (MRC 6, f. 25r°).

3 Cf. *La Robe prétexte* : « une obscure tendresse » (*ORTC*, I, 140).

4 Les deux premières strophes de cette troisième pièce s'inspirent plus ou moins de la première moitié de « Lâcher-tout » (MRC 6, f. 3r°) :

> Pourquoi, mon âme tant d'orgueil ?
> Qui te connaît ?. . . Presque personne.
> Sur ton chemin, quel pas résonne ?
> Vois, l'herbe pousse sur ton seuil.
>
> N'aie pas d'amour-propre, n'aie pas
> Pauvre petit, l'âme hautaine.
> Vivant, on t'ignore ici-bas,
> Mort, où sera ton ombre vaine ?
>
> Depuis des siècles, tous les ans,
> Et sur les plus lointaines grèves
> Que de tristes adolescents
> Ont fermé leurs yeux pleins de rêve. . . !

Une autre version de « Lâcher-tout » se trouve dans BDX 1 (f. 7r°). A part quelques variantes de ponctuation, elle est presque identique au poème de MRC 6 sauf que l'ordre des strophes 2 et 3 est inverti.

5 Cette troisième strophe reprend la sixième des huit strophes de « Dualité » (MRC 6, f. 6r°) où le poète évoque son « cœur [. . .] vide » le lendemain matin d'une intense expérience religieuse.

a : « vos doigts légers » (1910) au lieu de « légers vos doigts ».

b : le texte de l'édition de 1909 est précédé de quatre vers supplémentaires dans MRC 8 (cette strophe figure déjà dans « Au fond » (MRC 6, f. 28r°)) :

> Près des tisons cherchons ensemble
> Si votre âme n'est pas émue
> D'un rêve d'amitié ténue
> Et d'un regard où l'amour tremble. . .

c : « avez-vous » (MRC 8) au lieu de « avons-nous ».

d : « vous » (MRC 8) au lieu de « nous ».

e : « votre » (MRC 8) au lieu de « notre ».

f : « des » (MRC 8) au lieu de « les ».

g : dans MRC 8 on trouve le texte de l'édition de 1909 ainsi qu'une version

primitive biffée : « Peut-être écoutez-vous pleurer ».
h : « inutiles » au pluriel (MRC 8).

CHANSON

a : en haut et à droite du feuillet 24 de MRC 8 Mauriac a écrit : « Tu joues mal. ». Dans l'édition de 1910, le poème a pour titre les mots de l'incipit : « C'est la prière ».
b : « toi » (MRC 7 ; MRC 8) au lieu de « vous ».
c : texte différent dans l'édition de 1910 : « Les mêmes qu'au temps de l'enfance. . . ». Cette première strophe est complètement différente dans les éditions de 1927 et 1951 :

Tes pas se perdent. Le silence
Est doux après ton aigre voix.
O volupté de ton absence !

CONTRITION

a : « aux » au pluriel (MRC 8).
b : « Il » (1910 ; 1927 ; 1951) au lieu de « Qu'il ».

LE DERNIER SOIR

1 S'agit-il d'une femme ou d'un homme ? La forme d'adresse reste ambiguë, comme c'est souvent le cas dans cette troisième section du recueil (qui est-ce qui se cache derrière les pronoms *tu* et *vous* ?). L'allusion à « la cause austère » au vers 9 rappelle le poème manuscrit dédié à Xavier Darbon cité plus haut (voir « Veillées », note 2). Remarquons aussi que Mauriac se sert à plusieurs reprises de la construction « *petite âme* + adjectif » dans des lettres adressées à des hommes[22].
a : en haut et à droite du feuillet 26 de MRC 8 Mauriac a écrit : « Laisse-moi travailler. . . ».
b : ce vers est suivi d'une strophe supplémentaire dans MRC 8 :

Il me faut quitter, petite âme douce.
On ne peut lutter quand on te regarde
Tes yeux pailletés font que l'on s'attarde
Comme au bord de l'eau l'épaisseur de mousse. . .

c : « faut me » (MRC 7) au lieu de « me faut ».

22 Voir « Lettres de François Mauriac à Robert Vallery-Radot », présentées par Yves Leroux, *CFM*, 12 (1985), pp. 29–81 (p. 34, p. 70).

d : dans MRC 8 le texte de l'édition de 1909 figure comme une addition marginale ; le vers original (biffé) se lit : « Car je troublerais mon repos du soir ».

e : « Évoquant » (MRC 8) au lieu de « Évoquer ».

f : « m'abîmerais » (MRC 8) au lieu de « veux m'abîmer ».

g : « serais » (MRC 8) au lieu de « serai ».

h : « dirais » (MRC 8) au lieu de « dirai ».

i : « Je me cacherais » (MRC 8) au lieu de « J'irai sangloter ».

j : « reviendrais » (MRC 8) au lieu de « reviendrai ».

UNE RETRAITE

UNE RETRAITE

1 Publications préoriginales (absentes des bibliographies) : « Une retraite I », *RM*, 2e année, no 14 (25 juin 1909), p. 429, puis sous le même titre dans *PD*, 4e année (11 juillet 1909), [p. 1].

a : dans MRC 7 la suite de poèmes a pour titre général « La Retraite ». Dans *RM* et *PD* le premier poème, précédé du chiffre « I », ne consiste qu'en une seule strophe. Une version de ce poème (sans titre ni chiffre) figure dans BDX 2.

b : « le ciel se mire » (BDX 2) au lieu de « et le ciel tremble ».

c : « d'amours » au pluriel (BDX 2 ; *PD* ; 1927 ; 1951).

d : « m'interroger » (BDX 2) au lieu de « l'interroger ».

e : l'ordre des vers 6–9 est différent dans BDX 2 où les vers 8 et 9 précèdent les vers 6 et 7. Suit un dernier vers biffé : « Avec les mille voix des lourdes frondaisons » (BDX 2).

I : LES LIVRES

1 Publications préoriginales (absentes des bibliographies) : « II : Les Livres », *RM*, 2e année, no 14 (25 juin 1909), pp. 429–30, puis sous le même titre dans *PD*, 4e année (11 juillet 1909), [p. 1].

2 Ouvrage en latin datant du quinzième siècle, attribué au moine Thomas a Kempis. Mauriac l'aurait sans doute connu dans la traduction de Lamennais publiée en 1824.

3 Allusion au recueil *Sagesse* (1881).

4 Pascal restera une référence essentielle pour Mauriac tout au long de sa vie — voir le chapitre de *Ce que je crois* (1962) intitulé « La Dette envers Pascal » (*OA* 610–15).

5 Aux vers 17 et 18 Mauriac fait allusion à trois récits évangéliques, voir Jean 4. 6 ; Matthieu 5. 1–2 ; et Marc 4. 39. Le premier hémistiche du vers 19

reproduit l'exclamation de Thomas devant le Christ ressuscité (Jean 20. 28).

a : dans *RM* et *PD* ce poème, précédé du chiffre « II », ne consiste qu'en une seule strophe. La version (sans titre ni chiffre) que l'on trouve dans BDX 2 fait immédiatement suite au texte du poème précédent, comme s'il s'agissait d'un seul poème. Ce brouillon comporte de nombreuses ratures et modifications dont je ne signalerai que les plus importantes.

b : « abîmes » (MRC 7) au lieu de « infinis ».

c : le début du poème est assez différent dans BDX 2 :

> Je serai plusieurs jours dans ce parc triste et vieux
> En face de moi-même, en face de mon Dieu.
> Avec moi j'ai porté cependant quelques livres
> Dont mon âme a besoin comme de pain pour vivre —
> Pascal me va guider en la nuit de mon cœur[23]
> Aussi dans les enfers Virgile a mené Dante
> Vers des abîmes de misère et de grandeur.
> Voici l'imitation de Jésus-Christ où gît
> Tout mon passé d'enfant mystique et raisonnable[24].
> Voici les vers du Pauvre Verlaine assagi

Le reste de cette version primitive est très proche des vers 7–20 du texte de l'édition de 1909.

d : « mon missel romain » (BDX 2) au lieu de « voici mon missel ».

e : pour le deuxième hémistiche de ce vers, Mauriac a d'abord expérimenté avec deux alternatives (biffées) dans BDX 2 : « où sont tant de gravures » et « plein de belles images ».

f : « collège » avec initiale minuscule (*RM* ; *PD*).

g : « de » (1910 : coquille).

h : « Évêques » au pluriel (BDX 2).

i : « Oh ! ces vêpres *[un mot illisible]* quand on » (BDX 2) au lieu de « Aux vêpres du collège où l'on ».

j : « lourds et clairs » (BDX 2) au lieu de « clairs et lourds ».

k : l'ordre des vers 11–14 est différent dans BDX 2 où les vers 13 et 14 précèdent les vers 11 et 12.

l : j'ai corrigé la coquille « voit » que l'on trouve dans les éditions de 1909, 1910 et 1927.

---

23 Une addition interlinéaire (en partie biffée) au-dessus de ce vers — « Pascal dont j'ai goûté l'inquiétude ardente » — fournit une rime à « Dante » à la fin du vers suivant.

24 Addition interlinéaire biffée au-dessus de ce vers : « Les souvenirs passionnés de mon enfance ».

II : LA MESSE

1 Publications préoriginales (absentes des bibliographies) : « III : La Messe », *RM*, 2e année, no 14 (25 juin 1909), p. 430, puis sous le même titre dans *PD*, 4e année (11 juillet 1909), [p. 1].

a : dans *RM* et *PD* ce poème, précédé du chiffre « III », consiste en deux strophes, la division intervenant après le vers 4. Une version de ce poème (sans titre ni chiffre) figure dans BDX 2.

b : « et » (BDX 2) au lieu de « mais ».

c : « de la » (BDX 2) au lieu de « d'une ».

d : « pain » avec initiale minuscule (*PD*).

e : « Il » (BDX 2) au lieu de « Qui ».

f : « Dans le vol suspendu » (MRC 7) au lieu de « Au vol silencieux ».

g : l'ordre des trois derniers vers est différent dans BDX 2 où le vers 11 de l'édition originale est suivi du vers 12, puis du vers 10.

h : les vers 5–12 forment une seule strophe dans l'édition de 1951. Il s'agit sans doute d'une mise en page fautive.

III : L'EXAMEN PARTICULIER

1 Publications préoriginales (absentes des bibliographies) : « IV : La Méditation », *RM*, 2e année, no 14 (25 juin 1909), pp. 430–31, puis sous le même titre dans *PD*, 4e année (11 juillet 1909), [p. 1].

2 Les vers 25–27 sont tirés du poème « Intellectuels », publié en octobre 1905 (reproduit dans la section « Autres poèmes 1905–1923 » de la présente édition).

3 Allusion à une parabole de Jésus (Matthieu 22. 1–13).

4 Allusion au récit de la transfiguration de Jésus (Marc 9. 2–10). Les évangélistes n'identifient pas la « haute montagne » évoquée dans leur récit, mais la tradition chrétienne a toujours voulu que ce fût le mont Thabor.

5 Allusion à Luc 24. 13–32.

a : dans *RM* et *PD* ce poème, précédé du chiffre « IV », est intitulé « La Méditation ».

b : « sur » (*PD*) au lieu de « sous ».

c : « le » (*RM* : coquille).

d : les vers 18–23 forment une seule strophe dans *RM* et *PD*.

e : « vous » avec initiale minuscule (*RM* ; *PD*).

f : « saxes » (MRC 7) au lieu de « livres ».

g : « doigs » (1910 : coquille).

h : « la main s'égare » (MRC 7) au lieu de « les doigts s'égarent ».

i : « la douceur » (MRC 7) au lieu de « le bonheur ».

j : cette strophe est supprimée dans les éditions de 1927 et 1951. Elle est suivie d'une strophe supplémentaire dans MRC 7 :

Au chœur d'ombre qu'éclaire une lampe lointaine
Je n'ai mené le vol de mes rêves flottants
Que vers l'exquisité du Jésus de Rostand
Qui dit des vers fleuris à la Samaritaine —

Une première version de cette strophe se trouve déjà dans le poème « Intellectuels », publié en octobre 1905 (reproduit dans la section « Autres poèmes 1905–1923 » de la présente édition).

k : « errant » (MRC 7) au lieu de « errer ».

l : dans MRC 7 le texte de l'édition de 1909 figure comme une addition marginale ; le vers original (biffé) se lit : « Où la foule en pleurant coule mélancolique. »

m : « fut » (*RM* ; *PD* : coquille).

n : « Malgré tant de péchés, je ne suis pas banni » (MRC 7).

o : « le » (MRC 7) au lieu de « ce ».

p : dans MRC 7 les vers 32–44 sont précédés d'un titre biffé : « IV : Le retour ».

q : cette date ne figure ni dans *RM* ni dans *PD*.

LE SENS DE LA VIE

1 Ce poème est absent des éditions ultérieures. Une première version du poème fut publiée en juillet 1905 sous le titre « Confidences » (reproduite dans la section « Autres poèmes 1905–1923 » de la présente édition). Puisqu'il s'agit d'un texte assez différent (presque deux fois plus long), je ne chercherai pas à établir une liste de variantes. Notons toutefois que 26 sur les 48 vers de « Le Sens de la vie » reproduisent textuellement (sauf quelques modifications de ponctuation) ceux que l'on trouve dans cette version primitive.

a : « leurs » (MRC 7) au lieu de « les ».

LES SABLES

1 Publication préoriginale : « Les Sables », *RTP*, 3e année, t. 1, nº 5 (2 mai 1909), p. 726 ; repris sous le même titre dans *PD*, 6e année (5 mars 1911), [p. 1].

a : l'image d'« une mer inconnue » reviendra dans *Les Chemins de la mer* (1939). Dans les deux cas, elle représente l'amour divin, « cette passion infinie » (*ORTC*, III, 541).

b : « n'ont jamais » (*PD*) au lieu de « jamais n'ont ».

c : « gronder » (*RTP*) au lieu de « pleurer ».

LE DÉSASTRE

1 Ce poème est daté du 24 mars 1909 dans MRC 8. Il est absent des éditions

de 1927 et 1951.
a : « De Dieu — passant » (MRC 8) au lieu de « Du chemineau ».
b : « divin » (MRC 8) au lieu de « calme ».
c : « Paraît » (1910) au lieu de « Semble ».

LA PÉCHERESSE
a : dans l'édition de 1910, le titre « La Pécheresse » est remplacé par une description plus générale : « Deux sonnets », chaque sonnet étant précédé d'un chiffre romain.
b : « pour se fondre » (1927 ; 1951) au lieu de « désirable ».

FAIBLESSE
a : « au tendre appel » (1927 ; 1951) au lieu de « à la douceur ».
b : « Mortes, mais » (1927 ; 1951) au lieu de « Du passé ».
c : texte différent dans MRC 8 : « A la lampe éclairant derrière une fenêtre ».
d : « Elle » (1927 ; 1951) au lieu de « L'âme ».
e : « son bon vouloir » (MRC 8) au lieu de « le bon désir ».
f : « celui » (MRC 8) au lieu de « même ».
g : « Et triste infiniment » (MRC 8) et « Détachée à jamais, » (1910) au lieu de « Stupide et les yeux clos, ».

L'IMMUABLE
a : « rêve » (MRC 8) au lieu de « veille » (« rêve » est biffé et remplacé par « veille » dans MRC 7[25]).
b : texte différent en 1927 et 1951 : « Ses yeux seront ouverts jusqu'à la douzième heure. »
c : « C'est la vierge qui » (1927 ; 1951) au lieu de « Comme la vierge ».
d : « rêve » (MRC 8) au lieu de « veille » (« rêve » est biffé et remplacé par « veille » dans MRC 7).
e : « sa » (MRC 7) au lieu de « ses ».
f : « infiniment » (1927 ; 1951).
g : « elle » (1927 ; 1951) au lieu de « l'âme ».
h : « s'accumule » (1927 ; 1951) au lieu de « s'éternise ».
i : « rêveuse » (MRC 8) au lieu de « songeuse » (« rêveuse » est biffé et remplacé par « songeuse » dans MRC 7).
j : « je pleurais au fond du » au lieu de « l'âme était songeuse au » (1927 ; 1951).

25 François Chapon estime que cette correction, ainsi que celles des vers 4 et 16, ne fut pas faite par Mauriac. Voir *François Mauriac : Manuscrits – Inédits – Éditions originales – Iconographie*, p. 55.

k : « de hier » (MRC 7) au lieu de « d'hier ».

l : dans MRC 8 Mauriac a d'abord écrit « des hiers et des demains » avant de mettre les mots au singulier.

L'INCONNU

a : « vous l'avez » (1927 ; 1951) au lieu de « l'âme l'a ».

b : « haute lampe » (1927 ; 1951) au lieu de « lampe douce ».

c : « perdue, un » (1927 ; 1951) au lieu de « le triste ».

d : « au cœur qu'il n'a que traversé » (1927 ; 1951) au lieu de « en l'âme où triste il est passé ».

e : « vous verrez encor durant votre » (1927 ; 1951) au lieu de « l'âme reverra jusqu'en son ».

L'ILLUSION

a : « Que lui faut-il de plus » (1927 ; 1951) au lieu de « A cette âme il ne faut » ; le vers 6 se termine donc par un point d'interrogation dans ces deux éditions.

b : « songe, au plus obscur » (1927 ; 1951) au lieu de « rêve en la douceur ».

c : « triste » (MRC 8) au lieu de « trouble ».

d : « ce » (MRC 7 ; 1951) au lieu de « le ».

e : « autre » (1927 ; 1951) au lieu de « âme ».

LA PEINE

1 Sur les épreuves (BDX 3), suit un poème intitulé « La Paix dans le soir », biffé d'une grande croix. Le texte est le suivant :

La trouble expérience est à jamais finie.
L'âme est fervente et prie. Elle a ce bon vouloir
Que revienne vers elle en le calme du soir,
Blanche comme autrefois, la pureté bannie.

Voici que toute chose en la nuit prosternée,
Et les toits inclinés qui fument doucement,
Et cette âme, ô mon Dieu, dont le recueillement
Vous remercie encor des fautes pardonnées

Murmurent l'oraison de ferveur et d'espoir
Dont l'écho vient mourir au désert des allées
Cependant que là-bas s'éteint le chant du soir
Avec les mille voix des prières consolées. . .

Comme les lys, jusqu'à la fièvre de tes mains
Les iris ont tendu leurs urnes violettes.
Des rires et des chants passent sur les chemins,
— Console-toi, pauvre âme inconnue et secrète,

Puisque la joie avec la prière est entrée
Dans ton humble jardin où Dieu veut bien s'asseoir
Et que tu vas au long des routes, chaque soir,
Pour faire un peu de bien aux âmes rencontrées.

a : « sa » (MRC 8) au lieu de « la ».
b : dans MRC 8 une version primitive de ce vers — « Comme une vieille amie un peu abandonnée. . . » — est corrigée pour donner le texte de l'édition de 1909.
c : j'ai corrigé la coquille « juvénil » que l'on trouve dans les éditions de 1909, 1910 et 1927.
d : en plus du texte définitif, MRC 8 offre une version primitive (biffée) de ce vers en interlinéaire : « L'âme en parle. Elle dit : "C'est ma sœur disparue. . ." ».
e : dans MRC 8 ce vers commence par le mot « Humble » avec le mot « Vieille » écrit au-dessus.
f : dans MRC 8 Mauriac hésite entre « Maîtresse » (biffé) et « Servante ».
g : « nous allons » (1927 ; 1951) au lieu de « l'âme va ».

A LA MÉMOIRE DE R. L.

1 Les deux parties de ce dernier poème ne figurent pas sur les épreuves (BDX 3). Il s'agit donc d'un ajout tardif. « R. L. » désigne Raymond Laurens, ce cousin mort à l'âge de seize ans, déjà évoqué dans la dédicace du recueil.
2 Cf. *La Robe prétexte* : « l'odeur de la terre mouillée » (*ORTC*, I, 149).
3 Cf. *La Robe prétexte* : « le domaine abandonné » (*ORTC*, I, 191).
a : cette première pièce est absente du manuscrit MRC 7.
b : j'ai corrigé la coquille « ou » que l'on trouve dans les éditions de 1909, 1927 et 1951.
c : j'ai corrigé un point final fautif à la fin de ce vers dans l'édition de 1909 ; il sera remplacé par une virgule dès l'édition de 1910.
d : seuls les trente premiers vers de cette deuxième pièce figurent dans MRC 7. La première strophe y est divisée en deux, la division intervenant après le vers 14
e : « par » (MRC 7) au lieu de « dans ».
f : « je sentais ton bras peser » (MRC 7) au lieu de « ton bras doucement pesait ».
g : « chiens » (1927 : coquille).

AUTRES POÈMES (1905–1923)

[CONFIDENCES]

1 Publié dans *PD*, 1re année (2 juillet 1905), [p. 4]. Ce poème, qui semble jusqu'ici avoir échappé à la vigilance des bibliographes, est la première œuvre à caractère proprement littéraire de François Mauriac. « Confidences » n'est pas le titre du poème, mais celui de l'article où figure le texte du poème. Selon l'auteur anonyme de cet article : « C'est bien vraiment l'âme du *Sillon* qu'on trouvera dans ces vers émouvants qui rappellent les admirables sonnets de Paul Verlaine. » Dans MRC 6 le poème est intitulé « Vers pour le Sillon » et porte une épigraphe de Saint Jean (1 Jean 4. 16) : « Et nous, nous avons cru à l'amour. . . » (f. 11v°). Plus tard, ce poème servirait de base à « Le Sens de la vie » dans l'édition originale des *Mains jointes*.

2 Les sentiments exprimés aux vers 9 et 10 sont traduits visuellement dans BDX 1 par deux dessins légèrement érotiques de femmes plus ou moins nues (f. 18r° et f. 20r°).

3 Certains vers de cette quatrième partie s'inspirent d'un « Dialogue » entre Moi et Jésus dans MRC 5 (f. 6r°). Les vers 5–8 de « Confidences IV » correspondent à la neuvième et dernière strophe de ce dialogue :

> Devant Toi l'apaiseur divin de toute haine
> Et qui nous met au cœur l'amour des malheureux. . .
> Car comme Toi, nous traversons la foule humaine,
> Nous avons des bourreaux et nous prions pour eux !

On remarquera également une certaine similarité entre les vers 11 et 12 de « Confidences IV » et les trois derniers vers cités ci-dessous (tirés toujours du même « Dialogue » de MRC 5 ; les deux premiers vers aideront à mieux saisir le contexte) :

> Quand une vierge folle au péché s'abandonne,
> Contre elle vous poussez d'hypocrites clameurs. . .
> Moi je l'attends toujours. . . je l'aime et je pardonne
> Aux foules qui m'ont mis en croix. . . et dont je meurs
>
> Car je souffre pour vous l'éternelle agonie.

4 Les huit premiers vers de cette cinquième partie sont presque identiques aux deux premières strophes d'un poème de MRC 5 intitulé « Ce que m'a conté l'âme d'un mystique défunt » (f. 8r°). Les seules variantes concernent

le vers 3 (« pensais » au lieu de « songeais ») et le vers 8 (« Et j'entrai dans l'église en lui donnant la main. »). La troisième et dernière strophe du poème manuscrit est pourtant fort différente de la conclusion du poème imprimé :

La prière montait d'un vieux psaume latin.
L'amour divin pleurait dans mon cœur goutte à goutte.
Je mourus et mon âme anima sous la voûte
La lampe de l'autel qui jamais ne s'éteint.

Notons aussi que les vers 13 et 14 de cette cinquième partie se trouvent déjà dans deux des tout premiers manuscrits de Mauriac. Il s'agit de deux versions d'un même poème, intitulé « Mysticisme » dans MRC 2 (f. 29r°) et « Mysticisme (fragments) » dans MRC 3 (f. 12r°). Dans les deux cas, le poème prend la forme d'un dialogue entre Moi et Jésus. Le quatrain se termine ainsi dans les manuscrits : « Parmi les tiens, j'ai vu tes douleurs méprisées | Et ton isolement peuplé de rêves noirs. »

5 La première strophe de cette sixième partie se rencontre à plusieurs reprises dans les manuscrits. Elle figure pour la première fois dans « Mysticisme » dans MRC 2 (f. 29r°), puis dans « Mysticisme (fragments) » dans MRC 3 (f. 12r°), et enfin dans une version du même poème intitulée « Dialogue » dans MRC 5 (f. 6r°). Les seules variantes se trouvent dans les deux premiers manuscrits où on trouve « le sanglot » au singulier au vers 1 et « triste » au lieu de « frêle » au vers 4.

a : les chiffres romains ne figurent pas dans MRC 6.

b : « sur vous descend » (MRC 6) au lieu de « descend sur vous ».

c : « blême » (MRC 6) au lieu de « bleue ».

d : « très » (MRC 6) au lieu de « bien ».

e : « chantant » (MRC 6) au lieu de « qui chante ».

f : « qu'on » (MRC 6) au lieu de « qu'il ».

g : « ami » au singulier (MRC 6).

h : cette strophe est absente de MRC 6.

i : cette strophe est absente de MRC 6.

INTELLECTUELS

1 Publié dans *La Vie fraternelle*, 1re année, n° 10 (octobre 1905), p. 227. Cette revue était l'organe du Sillon de Bordeaux et du Sud-Ouest. Bien que ce poème soit absent des bibliographies des œuvres de Mauriac, Malcolm Scott le cite in extenso dans son article « The *Sillon* and Mauriac's first published writings », pp. 123–24. Le texte manuscrit du poème se trouve dans MRC 6 (f. 18 r°).

2 Allusion à *La Samaritaine : évangile en 3 tableaux* (1897), œuvre en vers d'Edmond Rostand.

3 On trouve une situation analogue dans *L'Enfant chargé de chaînes* où l'intellectuel (Jean-Paul Johanet) se montre finalement incapable d'être un véritable ami du jeune ouvrier (Georges Élie).

a : on lit « longs doigts » dans la version de Scott.

b : on lit « abandonné » dans la version de Scott.

L'ABANDON

1 Publié dans *PD*, 2e année (19 novembre 1907), [p. 1]. Ce poème est absent des bibliographies des œuvres de Mauriac. Le texte manuscrit du poème se trouve dans MRC 6 (f. 15r°). Une version antérieure, datée du mardi 21 février 1905, figure dans BDX 1 sous le titre « Le "Moi" multiple » (f. 4 r° et v°). Le texte intégral est le suivant :

I

Quelquefois, le soir, je m'attarde
En le crépuscule éternel
De quelque église, où sur l'autel,
La vierge blanche me regarde.

Un grand souffle d'amour divin
Fait frissonner mon âme triste. . .
Et je songe que tout est vain
Hors Lui, Jésus, qui seul existe. . .

Et tout moi, vers Lui, se soulève,
Mon cœur sanglote et se repent. . .
Je sors, la nuit auguste épand
Tous ses parfums et tous ses rêves.

Et comme Saint François, pour dame
J'élis la douce Pauvreté. . .
Et voici que la pureté
Pose sa blancheur sur mon âme. . .

Et je sens, d'extase embrasée,
Mon âme monter dans la nuit. . .
Et de chaque étoile qui luit
L'amour de Christ tombe en rosée. . .

II

Puis quand vient le matin livide
Je me sens morne et sans espoir :
Tout ce que j'ai rêvé le soir,
S'en va, laissant le cœur plus vide.

Et ce cœur est un paysage
D'automne pâle, qu'ont frôlé
Comme des oiseaux de passage
Les rêves trop vite envolés. . .

Le ciel me semble si lointain
Et si fermé, que je l'oublie. . .
Je rêve d'une chère main,
Sur mon front, d'une main pâlie. . .

Et je suis le lâche rameur
Qui s'abandonne aux eaux courantes. . .
Car j'ai des âmes différentes :
L'une renaît quand l'autre meurt.

Et voici que je me résigne
A sentir en moi, palpitant,
Un cœur, trouble comme un étang,
Un cœur grave et blanc comme un cygne. . .

2 Mot hébreux signifiant « Maître ». C'est le terme employé par Marie de Magdala quand elle reconnaît le Christ ressuscité (Jean 20. 16).
3 Allusion à Matthieu 26. 36–46.
4 Allusion à Luc 24. 13–32.
a : « Pourquoi n'ouvres-tu plus » (MRC 6) au lieu de « Vous n'ouvrez plus jamais ».
b : « me » (MRC 6) au lieu de « m'a ».

LA MADDALENA DE G. BELLINI

1 Publié dans *La Plume politique et littéraire*, 6e année, no 1 (janvier 1911), p. 11. Ce poème ne sera repris dans aucun recueil ultérieur, mais Jean Touzot le cite in extenso dans son article « Les Voyages de Mauriac en Italie », *CFM*, 5 (1978), pp. 81–94 (p. 93). Le poème fut inspiré par le tableau de Giovanni Bellini, *Vierge à l'enfant entre sainte Catherine et Marie Madeleine* (vers 1490) qu'admira Mauriac à la Gallerie dell'Accademia lors de sa visite à Venise en octobre 1910.
a : on lit « tes » dans la version de Touzot.

NOCTURNE

1 Publié dans *Les Cahiers de l'Amitié de France*, 2e année, no 2 (mars 1913), pp. 78–80. Ce poème ne sera repris dans aucun recueil ultérieur. Il est toutefois reproduit in extenso dans un article de Michel Décaudin (« Les Premiers Poèmes de Mauriac », pp. 19–21), ainsi que dans *Mauriac avant Mauriac*, textes retrouvés, présentés et annotés par Jean Touzot (Paris, Flammarion, 1977), pp. 41–42. Comme le montre une lettre citée par Touzot (p. 213), le poème s'adresse à Jeanne Lafon que Mauriac épouserait le 3 juin 1913.
2 Les vers 49 à 63 serviront de base à la seconde moitié d'un poème d'*Orages* intitulé « La Tempête apaisée » (*OC6* 442–43). Le texte est le suivant :

> Caresse maintenant les océans calmés,
> Mouette au sage cœur qui ne t'es pas enfuie
> D'une chair triste en proie aux péchés bien-aimés.
> De leurs perfides nœuds, mes mains faibles délie,
> Et conjure à jamais le dangereux ennui
> De traverser tout seul le sommeil et la nuit.
> Quand mon rire emplissait de chaudes matinées,
> Je savais moins aimer quand j'étais moins amer.
> Aujourd'hui, je resonge aux fautes pardonnées,
> Et mes yeux, dites-vous, ont le goût de la mer.
> Accueille-moi, cœur d'ombre, où tout péché s'efface.

J'oublierai les prénoms que tu ne peux entendre.
La vieille cour étouffe de lys ; la terrasse
Est brûlante où j'aimais à quinze ans de m'étendre
Pour braver le soleil comme la mort en face.
Tu t'étonnes du ciel liquide et de ses signes ;
Les dos sombres des bœufs vont émerger des vignes
Et le bouvier adolescent qui les ramène,
Humble et majestueux, les pieds nus et paisibles,
Découvre, face au ciel, sa fauve argile humaine,
Et propose au soleil sa poitrine pour cible.

3 Cf. *Destins* : « des dos roux de bœufs émergeaient des vignes » (*ORTC*, II, 146).
a : j'ai corrigé la coquille « un » que l'on trouve dans l'original.
b : « liquide » manque dans la version de Décaudin.

ÉLÉGIE

1 Publié dans *Les Cahiers*, 3e année, no 4 (15 avril 1914), pp. 201–05. Le cycle ne sera jamais repris dans son intégralité.
2 Repris dans *Orages* sous le titre « L'Ombre » (*OC6* 442).
3 Cf. *La Chair et le sang* : « la volupté des labours exténués » (*ORTC*, I, 215).
4 Cf. *La Chair et le sang* : « Sieste : Claude regarde les hommes, comme une armée anéantie, joncher la prairie. Autour des meules, ils étendent leurs bras crucifiés. » (*ORTC*, I, 224).
5 Le fait que le poète se sert de l'expression « cœur d'ombre » à deux reprises pour désigner la destinatrice de « Nocturne » (aux vers 8 et 55) laisse supposer qu'« Élégie » s'adresse, elle aussi, à Jeanne Mauriac.
6 Repris dans *Orages* sous le titre « L'Émeraude » (*OC6* 442).
7 Les vers 9–12 de cette quatrième pièce reparaîtront aux vers 7–10 de « La Tempête apaisée » (*OC6* 442–43 ; citée plus haut).
8 Encore une allusion à Raymond Laurens.
9 « Bonheur parfait » fait partie des *Scènes d'enfants* (1838) du compositeur Robert Schumann.
10 Ce vers deviendra le deuxième vers de « La Tempête apaisée ».
11 Ce vers deviendra le sixième vers de « La Tempête apaisée ».
a : « A l'heure où des faucheurs l' » (*OC6*) au lieu de « Quand les faucheurs, comme une ».
b : texte différent dans *OC6* : « Écrasait l'herbe sous des corps crucifiés, — ».
c : texte différent dans *OC6* : « Assourdi par le cri des cigales sans nombre, ».
d : texte différent dans *OC6* : « Que nous avons crue morte, au long du noir hiver. »

e : « qui dort dans cette pierre » (*OC6*) au lieu de « de cette étrange Pierre ».

LES MORTS DU PRINTEMPS

1 Publié dans *MF*, t. 112, nº 419 (1er novembre 1915), pp. 442–46. Le cycle ne sera jamais repris.

2 La citation est tirée d'un poème du recueil *Drum-Taps* (1865) intitulé « Vigil Strange I Kept on the Field One Night » (en français : « L'étrange veillée qu'une nuit j'ai passée sur le champ de bataille »). Plus tard, Whitman incorporerait ces poèmes dans une des nombreuses éditions de *Leaves of Grass*. Curieusement, la citation de Mauriac ne reproduit pas la traduction faite par Léon Bazalgette où on lit : « J'exposai ton visage à la lueur des étoiles[26]. » Mauriac, qui ne comprenait pas l'anglais, fit-il simplement une erreur en citant le poème de mémoire, ou avait-il accès à une traduction alternative ? Un certain nombre de parallèles entre « Les Morts du printemps » et le poème de Whitman suggèrent que Mauriac lut ce dernier attentivement.

3 Allusion probable au célèbre poème de Rimbaud, « Le Dormeur du val », daté d'octobre 1870 (*Œuvres*, p. 76).

4 J'ai suggéré ailleurs (*Mauriac : the poetry of a novelist*, p. 111) que ce poème s'adresse à Jean de La Ville de Mirmont, auteur bordelais mort sur le champ de bataille le 28 novembre 1914.

5 L'emploi de ces termes rappelle la description de Luc dans *Le Nœud de vipères* (1932). Lui aussi est un « enfant » rieur (*ORTC*, II, 457) ; lui aussi tombera dans la guerre de 14–18, « un disparu » (p. 458) comme celui évoqué dans un autre poème de Mauriac (voir « Le Disparu », *OC6* 413–23).

6 Encore une allusion à Raymond Laurens, mort en juin 1909 (cf. le vers 21).

7 Périodique illustré publié par la maison Dalloz à partir de 1857.

8 Mauriac, qui ne participa pas comme combattant pendant la Grande guerre, se décrit souvent comme un « survivant ». Voir en particulier le début du livre qu'il consacra à André Lafon en 1924, *La Vie et la mort d'un poète* (*OA* 6).

POEMES [1921]

1 Publiés dans *EN*, t. 8, nº 7 (juillet 1921), pp. 45–50. Il y a six poèmes au total ; ils ne sont ni intitulés ni numérotés. J'ai ajouté les chiffres romains pour faciliter les références. Deux poèmes ne sont pas repris ici : le premier

26 *Poèmes de Walt Whitman*, version française de Léon Bazalgette (Paris, Éditions de l'Effort Libre, 1914), p.52 (sa traduction intégrale de *Feuilles d'herbe* est parue en deux tomes chez Mercure de France en 1909).

poème des *EN* serait repris tel quel dans *Orages* sous le titre « Le Corps fait arbre » (*OC6* 441) ; le quatrième y paraîtrait avec trois variantes mineures sous le titre « Lumière du corps » (*OC6* 439)

2 Ce poème ne sera jamais repris. Son rythme (9 : 4 : 9 : 9) est unique chez Mauriac.

3 Sœur de Blaise. Mauriac publiera *Blaise Pascal et sa sœur Jacqueline* en 1931 chez Hachette.

4 Faut-il y voir une allusion à Marianne Chausson, la jeune femme avec qui Mauriac eut une « mésaventure sentimentale » (*OA* 813) en 1911 ? Après que la fille du célèbre compositeur eut mis fin à leurs brèves fiançailles, Mauriac confia à sa mère que « Marianne se compare à Alissa [de *La Porte étroite* de Gide] et se croit appelée à une perfection plus haute que le mariage[27]. » Trois décennies plus tard, Mauriac s'inspirerait de cette expérience dans *La Pharisienne* dont le narrateur, Louis, se sert à deux reprises du mot « ange » pour qualifier sa fiancée (*ORTC*, III, 874). Pour mieux apprécier cet épisode-clé de la vie de Mauriac et les traces qu'il a laissées dans ses écrits, on se reportera avec profit à l'étude de Paule Lapeyre, « "Le temps des lilas et le temps des roses" ou le parfum des amours mortes : une lecture de Mauriac sur la clef d'Ernest Chausson », *TCER*, 34 (décembre 1993), pp. 9–47.

5 Allusion au titre du recueil de Baudelaire.

6 Cet adjectif revient dans la description de Marianne Chausson faite par Mauriac dans son journal en date du 27 janvier 1911 : « Elle est grande, souple et mystérieuse — mince visage inquiétant et grave — petite divinité farouche et silencieuse qui m'observait hier soir, avec quelle ironie ! » (« Journal interrompu », p. 79).

7 Repris, avec d'importantes variantes, dans *Orages* sous le titre « Autre péché » (*OC6* 429–30).

8 Cf. *La Chair et le sang* : « la terre chaude et douce et complice de la chair des hommes et de qui l'odeur, aux soirs orageux, est celle même du désir. . . » (*ORTC*, I, 208).

9 Cf. *La Chair et le sang* : « les aveugles et sourdes constellations, avec leurs noms de mauvais dieux ! » (*ORTC*, I, 208).

10 Ce poème ne sera jamais repris.

11 Repris, sans les seize premiers vers, dans *Orages* sous le titre « Renoncement » (*OC6* 433–35).

12 Ce vers sera reproduit dans un essai de 1926, *Le Jeune Homme* (*ORTC*, II,

---

27 François Mauriac, « Journal interrompu », dans *François Mauriac*, cahier dirigé par Jean Touzot (Paris, Éditions de l'Herne, 1985), pp. 78–83 (p. 79).

691) sans que la citation soit reconnue. Cf. aussi *Préséances* (1921) : « qui souille le printemps? » (*ORTC*, I, 375).

a : on trouve la coquille « Eussè-je » dans *EN*.

b : « un jour finissant » (*OC6*) au lieu de « le jour mourant ».

c : les vers 9–12 ne figurent pas dans *OC6*.

d : on trouve la coquille « Depeur » dans *EN*.

e : texte différent dans *OC6* : « J'invoque une étoile sourde ».

f : les substantifs sont tous au singulier dans *OC6* : « Au doux nom de mauvais dieu. » Le poème se termine par une strophe supplémentaire dans *OC6* :

En vain ! Nous serons vaincus
Par le Dégoût, ce complice
Du Dieu qui nous aime plus
Que nous n'aimons nos délices.

g : les seize premiers vers de ce poème ne figurent pas dans *OC6*.

h : « jour naissant » (*OC6*) au lieu de « rose jour ».

i : « sa douleur » au singulier (*OC6*).

j : « du » (*OC6*) au lieu de « de ».

k : « Au contour » (*OC6*) au lieu de « A la fleur ».

l : « Que ne m'as-tu roulé soudain, » (*OC6*) au lieu de « O cœur, que ne m'as-tu roulé ».

m : « hésitante » (*OC6*) au lieu de « épuisante ».

n : « Ténèbre » au singulier (*OC6*).

CYBELE POSSÉDÉE

1 Publié dans *Intentions*, 1re année, nº 6 (juin 1922), p. 1. Le poème est suivi de trois autres (« Tartuffe », « Marsyas ou la Grâce » et « Équinoxe ») qui figureraient tous dans *Orages* (*OC6* 432, 443–44, 435) — les deux seules variantes (mineures) concernent « Tartuffe ». « Cybèle possédée » constitue l'essentiel des strophes 2 à 4 d'un poème d'*Orages* intitulé « Atys » (*OC6* 427–28). Voici le texte de la première strophe et des trois dernières :

Couleuvres, les chemins dormaient dans la lumière.
Comme Atys, le berger que Cybèle adora,
Crucifiait au sol fendu ses faibles bras,
Du temps que j'étais fou, j'ai possédé la terre.

[. . .]

Jaloux de ce soleil qui te couve et te boit,

Atys a caressé tes plus secrètes mousses,
De sa lèvre renflée et d'un timide doigt,
Cybèle, ô cœur feuillu, chair verdissante et rousse !

Les cigales du jour chantent dans tes cheveux.
Plus qu'un abricot mûr ou qu'une prune chue,
Sens-tu peser sur toi cette bouche déçue ?
Tu ne vois pas Atys, ô déesse sans yeux !

Sous les pins où ton sang ruisselle à chaque tronc,
Atys d'un corps terreux va cacher la souillure.
Il ne sait pas encor sa victoire future
Et qu'en l'unique mort nous te posséderons.

2 Cf. *Un adolescent d'autrefois* : « Ah ! me coucher sur la terre nue » (*ORTC*, IV, 801).

3 Cf. *Le Fleuve de feu* (1923) : « l'indéfinie vibration des prairies » (*ORTC*, I, 545) ; *Le Mystère Frontenac* (1933) : « les prairies seules vibraient follement. » (*ORTC*, II, 596) ; *Les Chemins de la mer* : « cette vibration des prairies » (*ORTC*, III, 618) ; et *Galigaï* : « La terre était dure et, tout près de son oreille, le pré aride vibrait. » (*ORTC*, IV, 393).

4 Cf. *Le Baiser au lépreux* (1922) : « Une après-midi à l'époque des premières chaleurs [. . .] cette odeur de pain de seigle qui était l'haleine de la métairie » (*ORTC*, I, 497–98).

5 Divinité grecque d'origine phrygienne qui personnifie la puissance et la fécondité de la nature. Pour Mauriac, elle est presque toujours liée au personnage d'Atys. Rappelons l'essentiel de leur légende selon la version donnée par Ovide : « la déesse conçut [. . .] pour Attis, jeune et beau berger de Phrygie, un amour violent mais platonique ; elle lui confia le soin de son culte, en lui donnant l'ordre de demeurer chaste. Mais Attis trahit sa promesse : il s'éprit de la nymphe Sagaritis et l'épousa. Irritée, Cybèle tua sa rivale et frappa de folie l'infortuné berger, qui, au cours d'une crise, se mutila. On raconte que par la suite la déesse repentante ressuscita Attis sous la forme d'un pin[28]. »

6 Cf. *La Chair et le sang* : « Une cigale éclate, grince longuement, puis trouve son rythme et bat comme le cœur souffrant de Cybèle engourdie. » (*ORTC*, I, 225).

a : un vers supplémentaire figure à cet endroit dans *OC6* : « Un corps illimité

28 Joël Schmidt, *Dictionnaire de la mythologie grecque et romaine* (Paris, Larousse, 1965), p. 56.

sous l'herbe épaisse plie. »

b : on trouve la coquille « bât » dans *Intentions*.

FILS DU CIEL

1 Publié dans *Intentions*, 2e année, no 11 (janvier 1923), p. 7 avant de paraître dans *Orages* (*OC6* 445–46). Cette première publication est absente des bibliographies des œuvres de Mauriac.

2 Ville abyssinienne où Rimbaud passa beaucoup de temps dans les années 1880.

3 Cf. *La Fin de la nuit* (1935) : « les bords brûlés d'une mer morte » (*ORTC*, III, 157).

4 Mauriac envisage les surréalistes. Cf. ses propos dans *La Vie et la mort d'un poète* (1924) : « on ne refait pas le trajet d'une étoile ; on n'avance pas dans le sillage d'un "bateau ivre". » (*OA* 57).

5 Cette expression figure dans la liturgie de l'office des laudes. Elle est employée par Rimbaud dans son poème en prose « Délires II » (*Œuvres*, p. 234).

a : « enfer » avec initiale minuscule (*OC6*).

b : « l'apparence » (*OC6*) au lieu de « le visage ».

c : « un » (*OC6*) au lieu de « mon ».

d : « mes » (*OC6*) au lieu de « les ».

GANYMEDE

1 Publié dans *La Revue européenne*, t. 1, no 1 (1 mars 1923), p. 61 avant de paraître, avec de nombreuses variantes, sous le titre « Ganymède chrétien » dans *Orages* (*OC6* 444). Le poème est précédé de deux autres (« Péché mortel » et « Renoncement ») qui seraient repris, avec des variantes mineures, dans *Orages* (*OC6* 429, 437–38). Celui intitulé « Renoncement » dans *La Revue européenne* recevrait le titre « Attendre et se souvenir » dans le recueil de 1925.

2 Cf. *Le Fleuve de feu* : « les genoux blessés contre les carreaux. . . » (*ORTC*, I, 527).

3 Rappelons que Zeus tomba amoureux du beau jeune homme Ganymède et se transforma en aigle pour l'enlever dans les cieux. Pour Risse (*Homoerotik bei François Mauriac*, p. 201), ce poème se rattache à l'aspect homoérotique de l'œuvre mauriacienne.

a : « idée » avec initiale minuscule (*OC6*).

b : « ne songe » (*OC6*) au lieu de « savoure ».

c : « Qu'aux cœurs crucifiés » (*OC6*) au lieu de « L'indigence d'un cœur ».

d : « Grâce » avec initiale majuscule (*OC6*).

e : « je fuis » (*OC6*) au lieu de « j'appelle ».

f : « Amour » avec initiale majuscule (*OC6*).
g : « bas » (*OC6*) au lieu de « fort ».
h : « triste » (*OC6*) au lieu de « cet ».

DÉLECTATION

1 Publié dans *L'Œuf dur*, nº 13 [été 1923], p. 15 avant de paraître dans *Orages* (*OC6* 435–36). Cette première publication est absente des bibliographies des œuvres de Mauriac.

2 Cf. *Le Jeune Homme* (1926) : « la pire tentation de l'âge mûr n'est-elle ce regret des péchés que nous eussions pu commettre, que nous n'avons pas commis ? » (*ORTC*, II, 713).

3 Dans une lettre à Jean Paulhan du 2 décembre 1929, Mauriac se plaint auprès du directeur de la *NRF* du manuscrit d'une étude de Jean Prévost, basée en partie sur une lecture des poèmes d'*Orages*. Il souhaite que le critique évite « ces images troubles qui évoquent aux yeux les moins prévenus des scènes de délectations moroses et de masturbation[29]. » Le texte de l'article ne serait pourtant pas modifié ; sans doute Paulhan estimait-il que des poèmes comme « Délectation » étayaient l'analyse de Prévost.

29 *François Mauriac et Jean Paulhan : Correspondance, 1925–1967*, édition établie, présentée et annotée par John E. Flower (Paris, Éditions Claire Paulhan, 2001), pp. 76–77.

Bibliographie

Ne sont donnés ici que les textes cités au cours de l'étude. Pour les manuscrits de Mauriac et ses œuvres les plus souvent citées, voir la page « Sigles et abréviations » au début de la présente étude.

Poèmes de François Mauriac (par ordre chronologique de publication) :

« Confidences », *Le Petit Démocrate*, 1re année (2 juillet 1905), [p. 4]

« Intellectuels », *La Vie fraternelle*, 1re année, no 10 (octobre 1905), p. 227

« Évocation », *Le Petit Démocrate*, 2e année (16 mai 1907), [p. 1]

« Le Plus Faible », *Le Petit Démocrate*, 2e année (30 mai 1907), [p. 1]

« L'Abandon », *Le Petit Démocrate*, 2e année (19 novembre 1907), [p. 1]

« Les Sables », *Revue du Temps Présent*, 3e année, t. 1, no 5 (2 mai 1909), p. 726

« Une retraite » [« Une retraite I », « II : Les Livres », « III : La Messe », « IV : La Méditation »], *Revue Montalembert*, 2e année, no 14 (25 juin 1909), pp. 429–31

« Des vers » [« Une retraite I », « II : Les Livres », « III : La Messe », « IV : La Méditation »], *Le Petit Démocrate*, 4e année (11 juillet 1909), [p. 1]

« Poèmes » [« L'Écolier », « Grandes Vacances », « L'Étudiant »], *Revue du Temps Présent*, 3e année, t. 2, no 4 (2 octobre 1909), pp. 229–31

« Poèmes » [« I : Voyages », « II : La Maddalena de G. Bellini »], *La Plume politique et littéraire*, 6e année, no 1 (janvier 1911), pp. 10–11

« Les Sables », *Le Petit Démocrate*, 6e année (5 mars 1911), [p. 1]

« Nocturne », *Les Cahiers de l'Amitié de France*, 2e année, no 2 (mars 1913), pp. 78–80

« Élégie », *Les Cahiers*, 3e année, no 4 (15 avril 1914), pp. 201–05

« Les Morts du printemps », *Mercure de France*, t. 112, no 419 (1er novembre 1915), pp. 442–46

« Poèmes » [« Le Corps fait arbre », « Qu'un autre vous tienne. . . », « Autre péché », « Lumière du corps », « Mon enfant qui vous éloignez. . . », « Renoncement »], *Les Écrits nouveaux*, t. 8, no 7 (juillet 1921), pp. 45–50

« Poèmes » [« Cybèle possédée », « Tartuffe », « Marsyas ou la Grâce », « Équinoxe »], *Intentions*, 1re année, no 6 (juin 1922), pp. 1–2

« Fils du ciel », *Intentions*, 2e année, no 11 (janvier 1923), p. 7

« Poèmes » [« Péché mortel », « Renoncement » = « Attendre et se souvenir », « Ganymède »], *La Revue européenne*, t. 1, no 1 (1 mars 1923), pp. 60–61

« Délectation », *L'Œuf dur*, n° 13 [été 1923], p. 15
Orages (Paris, Grasset, 1949)
Le Feu secret, choix de poèmes et présentation par Jean-Louis Curtis (Paris, Orphée/ La Différence, 1993)

D'autres œuvres de François Mauriac (par ordre chronologique de publication) :

« A Lourdes », *La Vie fraternelle*, 1re année, n° 6 (15 juin 1905), pp. 129–31
« Les Poèmes : *Vingt-quatre poèmes en prose pour honorer ma demeure et chanter mon jardin*, par Albert de Bersaucourt ; *Le Rayonnement*, par André Delacour ; *Les Étoiles entre les feuilles*, par Noël Nouët ; *Présence*, par Dominique Combette », *Revue du Temps Présent*, 4e année, t. 1, n° 6 (2 juin 1910), pp. 462–66
« Méditation sur Henri Perreyve », dans *Lacordaire*, textes recueillis et présentés par Keith Goesch (Paris, Beauchesne, 1976), pp. 133–38
Mauriac avant Mauriac, textes retrouvés, présentés et annotés par Jean Touzot (Paris, Flammarion, 1977)
« La Tour d'ivoire », *TCER*, 5 (juin 1979), pp. 47–51
« Un poète de dix ans », dans *François Mauriac*, cahier dirigé par Jean Touzot (Paris, Éditions de l'Herne, 1985), pp. 59–60
« Journal interrompu », dans *François Mauriac*, cahier dirigé par Jean Touzot (Paris, Éditions de l'Herne, 1985), pp. 78–83
« Lettres de François Mauriac à Robert Vallery-Radot », présentées par Yves Leroux, *CFM*, 12 (1985), pp. 29–81
François Mauriac et Jacques Rivière : Correspondance 1911–1925, édition critique par John E. Flower, « Textes Littéraires », 68 (Exeter, University of Exeter, 1988)
« La Correspondance entre François Mauriac et Claire Mauriac, sa mère [Extraits, 1907–1914] », introduction et présentation de John Flower, *NCFM*, 5 (1997), pp. 25–48
François Mauriac et Jean Paulhan : Correspondance, 1925–1967, édition établie, présentée et annotée par John E. Flower (Paris, Éditions Claire Paulhan, 2001)

Sources secondaires :

Alyn, Marc, *François Mauriac* (Paris, Seghers, 1960)
——, « "Si je suis né poète" », dans *Mauriac*, « Génies et Réalités » (Paris, Hachette, 1977), pp. 115–39
Chapon, François, « Le Fonds François Mauriac », dans *Mauriac et les grands esprits de son temps*, catalogue de l'exposition par Noël Herpe (Paris, Agence culturelle de Paris, 1990), pp. xi–xvi

Cooke, Paul, *Mauriac et le mythe du poète : une lecture du « Mystère Frontenac »* (Paris, Lettres Modernes/ Minard, 1999)

——, *Mauriac : the poetry of a novelist* (Amsterdam, Rodopi, 2003)

——, « Échos des *Mains jointes* et de *L'Adieu à l'adolescence* dans *L'Enfant chargé de chaînes* », *NCFM*, 12 (2004), pp. 49–66

Décaudin, Michel, « Les Premiers Poèmes de Mauriac », dans *François Mauriac 1 : la poésie de François Mauriac*, textes réunis par Jacques Monférier (Paris, Lettres Modernes/ Minard, 1975), pp. 9–23

Durand, François, « Mauriac et le Sillon », dans *François Mauriac 3 : François Mauriac et son temps*, textes réunis par Jacques Monférier (Paris, Lettres Modernes/ Minard, 1980), pp. 9–19

——, « Les Jeunes Héros de Mauriac devant l'amitié », *CFM*, 11 (1984), pp. 147–56

Faguet, Émile, « Les Poésies de M. François Mauriac », *Revue des Deux Mondes*, 1er novembre 1912, pp. 196–204

Glénisson, Émile, *L'Amour dans les romans de François Mauriac* (Paris, Éditions Universitaires, 1970)

Goesch, Keith, *François Mauriac : essai de bibliographie chronologique, 1908–1960* (Paris, Nizet, 1965)

Granger, Laurence, « Supplément bibliographique », *NCFM*, 4 (1996), pp. 297–310

Guyonnet, Anne-Marie, « Mauriac et le mythe d'Atys », thèse de Doctorat d'État, 2 tomes (Université de Paris IV, 1978)

Lacouture, Jean, *François Mauriac*, 2 tomes (Paris, Éditions du Seuil, 1990), I : *Le Sondeur d'abîmes, 1885–1933*

Lafargue, Marc, « La Poésie », *Les Marges*, nº 25 (janvier 1911), pp. 15–28

Lapeyre, Paule, « "Le temps des lilas et le temps des roses" ou le parfum des amours mortes : une lecture de Mauriac sur la clef d'Ernest Chausson », *TCER*, 34 (décembre 1993), pp. 9–47

Léda, « *Les Mains Jointes*, par François Mauriac », *Revue Montalembert*, 2e année, nº 16 (25 décembre 1909), pp. 623–24

Le Hir, Yves, « La Versification de François Mauriac », dans *Le Vers français au 20e siècle* (Paris, Klincksieck, 1967), pp. 65-84

Mauriac, Pierre, *François Mauriac, mon frère*, introduction et notes de Jacques Monférier (Bordeaux-le-Bouscat, L'Esprit du Temps, 1997)

Milecki, Aleksander, *François Mauriac ou la liberté de l'esprit*, traduit du polonais par Jacqueline Kochan (Paris, L'Harmattan, 1999)

Monférier, Jacques, « La Vie fraternelle : François, Jean et le Sillon bordelais », *TCER*, 13 (juin 1983), pp. 31–36

O'Connell, David, *François Mauriac revisited* (New York, Twayne, 1995)

Pascal, Blaise, *Pensées sur la religion et sur quelques autres sujets*, introduction de Louis Lafuma, 3 tomes (Paris, Éditions du Luxembourg, 1951), I : *Textes*

Pény, Jean-Marie, « Plaidoyer pour des vers mal aimés », *CFM*, 10 (1983), pp. 174–89

Quaghebeur, Marc, « Mauriac poète : interstices », *Les Lettres romanes*, 25.2 (1971), pp. 178–99

——, « Yves Frontenac désert », *Cahiers Internationaux de Symbolisme*, 21 (1972), pp. 39–50

Quillard, Pierre, « Les Poèmes », *Mercure de France*, n° 304 (février 1910), pp. 685–90

Rimbaud, Arthur, *Œuvres*, sommaire biographique, introduction, notices, relevé de variantes, bibliographie et notes par Suzanne Bernard et André Guyaux (Paris, Garnier, 1981)

Risse, Dorothee, *Homoerotik bei François Mauriac : zur literarischen Gestaltung eines Tabus* (Heidelberg, Universitätsverlag C. Winter, 2000)

Sabatier, Robert, *La Poésie du XXe siècle*, 3 tomes (Paris, Albin Michel, 1982–88), I : *Tradition et évolution* (1982)

Sainte-Beuve, Charles-Augustin, *Portraits contemporains et divers*, nouvelle édition revue et corrigée, t. III (Paris, Didier, 1855)

Schmidt, Joël, *Dictionnaire de la mythologie grecque et romaine* (Paris, Larousse, 1965)

Scott, Malcolm, « The *Sillon* and Mauriac's first published writings », *Forum for Modern Language Studies*, 7 (1971), pp. 121–25

Séailles, André, « François Mauriac lecteur de Rimbaud : affinités et contrastes », *CFM*, 5 (1978), pp. 95–112

Simon, Pierre-Henri, *Mauriac par lui-même* (Paris, Éditions du Seuil, 1953)

Suffran, Michel, « Au nom du père : essai sur les rapports de "réalité" et de "fiction" entre François et Jean-Paul Mauriac », *CFM*, 17 (1990), pp. 33–47

Swift, Bernard C., *Mauriac et le Symbolisme* (Bordeaux-le-Bouscat, L'Esprit du Temps, 2000)

Touzot, Jean, « Analogie et poème, ou les deux saisons de l'imagerie mauriacienne », dans *François Mauriac 1 : la poésie de François Mauriac*, textes réunis par Jacques Monférier (Paris, Lettres Modernes/ Minard, 1975), pp. 25–49

——, « Les Voyages de Mauriac en Italie », *CFM*, 5 (1978), pp. 81–94

——, « Les Trois Avatars de la revue rivale », *NCFM*, 8 (2000), pp. 199–210

Whitman, Walt, *Poèmes*, version française de Léon Bazalgette (Paris, Éditions de l'Effort Libre, 1914)

[Collectif] *François Mauriac : Manuscrits – Inédits – Éditions originales – Iconographie* (Paris, Bibliothèque Littéraire Jacques Doucet, 1968)

EXETER TEXTES LITTÉRAIRES

La nouvelle collection *Exeter Textes Littéraires* est dirigée par David Cowling, maître de conférences dans le Département de français, Université d'Exeter.

1 Marie Krysinska, *Rythmes pittoresques*
éd Seth Whidden

2 *Candide, ou l'optimisme, seconde partie (1760)*
éd Edouard Langille

3 *Autour de la 'Lettre aux directeurs de la résistance' de Jean Paulhan*
éd John Flower

4 *La Matrone chinoise ou l'épreuve ridicule, comédie (1765)*
éd Ling-Ling Sheu

A partir du 5e volume sous la direction de Malcolm Cook

5 Gregoire Le Roy, *Mon cœur pleure d'autrefois* (1889 et 1907) avec *La Chanson d'un soir* (1887) et *L'Annonciatrice* (1889)
éd Richard Bales

La liste des 113 volumes de la première série (*Textes littéraires*), publiés entre 1970 et 2001, est accessible sur le site Web du Département de français de l'Université d'Exeter (www.exeter.ac.uk/french/) en suivant le lien 'Textes littéraires'.